KB196244

삼국유사

지혜의 샘 시리즈 ㉘

삼국유사

개정판 1쇄 발행 | 2025년 02월 10일

지은이 | 일연 · 엮은이 | 김영진

발행인 | 김선희 · 대 표 | 김종대
펴낸곳 | 도서출판 매월당
책임편집 | 박옥훈 · 디자인 | 윤정선 · 마케터 | 양진철 · 김용준

등록번호 | 388-2006-000018호
등록일 | 2005년 4월 7일
주소 | 경기도 부천시 소사구 중동로 71번길 39, 109동 1601호
    (송내동, 뉴서울아파트)
전화 | 032-666-1130 · 팩스 | 032-215-1130

ISBN 979-11-7029-253-1 (00910)

지혜의 샘 시리즈 28

삼국유사

일연 지음 | 김영진 엮음

《삼국유사》는 우리나라 상고사를
밝히는 등대와 같은 책이다!

매월당
MAEWOLDANG

이끄는 말

인류의 기원은 약 40만 년에서 최대 50만 년 전까지 거슬러 올라갈 수 있다. 그러나 인류가 문자를 발명하여 자신들의 생활상과 역사를 기록한 것은 기원전 3~4천 년경으로 지금으로부터 고작 5천여 년 전이고, 아무리 오래 잡아도 1만 년을 벗어나기 어렵다.

그렇다면 수십만 년을 두고 발생한 인류의 역사는 도대체 어떻게 후손에게 전해졌을까? 그것은 바로 사람들의 입에서 입을 통한 구전으로 전해졌으며, 우리는 이를 통상적으로 '신화와 전설'이라고 부른다. 이러한 '신화와 전설'은 각 민족마다 고유하게 전승되어 유럽에는 '그리스·로마 신화'가 있고, 중국에는

'삼황오제와 요순임금의 신화' 가 있으며, 우리나라는 자랑스러운 '단군신화' 가 전해진다. 그러나 이러한 신화와 전설도 찬란한 문명을 가꾸고 문자를 활용한 민족에게만 전해지고, 그렇지 못한 민족들의 신화와 전설은 점차 소멸되고 잊히는 실정이다.

그런 의미에서 '단군 신화' 를 가장 먼저 대중에게 널리 소개한 《삼국유사》는 암흑과도 같았던 우리나라의 상고사를 밝히는 등대와 같은 것이라고 할 수 있다. 역사학자 육당 최남선은 《삼국유사》를 '조선 상대上代를 혼자 담당하는 문헌' 이라고 자신 있게 주장하는가 하면, 또 《삼국사기》와 《삼국유사》 중에서 하나를 택하여야 될 경우를 가정한다면, 나는 서슴지 않고 후자를 택할 것' 이라고 단언하기도 했던 것이다.

《삼국유사》 민족문화의 정수를 모은 《삼국유사》는 국보 제306호와 306-2호로 지정됨.

물론 철저한 실증사학적 입장에서 《삼국유사》를 살펴보면 다른 역사서보다 객관성이 떨어지고, 심지어 일부 사학자들은 '허황하다.' 혹은 '이단의 설'이라고 가차 없이 혹평하기도 한다. 그러나 《삼국유사》를 좀 더 세심하게 살펴보면 이 책에 실린 신화와 전설, 민담과 신앙, 불교 사상 등의 여러 내용들은 일연 선사가 혼자 방 안에서 상상의 소치로 만들어낸 것이 아님을 발견할 수 있다. 그것은 《삼국유사》에 인용된 참고 목록을 살펴보면 오히려 《삼국사기》보다 다양하게 인용한 점을 발견할 수 있고, 또 수집한 자료는 일연 선사가 평생 동안 전국 방방곡곡을 돌아다니면서 직

일연 선사 초상

접 보고 전해들은 생생한 이야기를 바탕으로 하고 있다. 이 때문에 《삼국유사》에는 지금은 소멸되어 검증하기도 어려운 전국 각지에 산재했던 비석 등에 남아 있는 금석문과 향토 자료를 비롯하여 현지의 고유한 풍속과

신앙, 토착 씨족의 계보와 지명의 기원, 토속어와 민요 등을 확인할 수 있다.

그 중에서도 특히 고조선을 비롯하여 부여·고구려·예맥 등 북방계 부족과 신라·가야·삼한 등 남방계 부족의 발전과 통합 과정에 대한 기술은, 우리 민족이 반만년의 유구한 역사 속에서 어떻게 지금의 한민족으로 발돋움했는지에 대한 근거를 제시해 주고 있다. 또한 각종 전설과 민담은 물론이고 향찰로 표기된 《혜성가彗星歌》 등 14수의 신라 향가 등은 한국 고대 사회문화의 실체를 밝히는 데에 절대적인 가치를 지니고 있다.

이처럼 《삼국유사》에는 다른 사서에서 도저히 찾아볼 수 없었던 소중한 역사적인 자료는 물론이고, 당시 백성들의 염원과 신화와 전설의 세계가 더불어 어우러져 멋들어진 한민족 고유의 판타지 세계를 연출해 내고 있다. 이 점에 대해서 일찍이 세계적인 비디오 아티스트 백남준은 '우리 민족은 《삼국유사》가 대변하듯 판타지가 대단한 민족이기 때문에 그런 판타지를 죽여선 안 된다.'고 지적한 바가 있다. 따라서 우리는 《삼국유사》를 단순하게 한 승려가 기록한 역사서로 치부하지 말고 보다 종합적인 입장에서 바라볼 필요가 있다.

《삼국유사》는 일연 선사가 고려 충렬왕 7년(1281) 무렵에 인각사麟角寺에서 편찬했다고 전해진다. 그 체제는 기사본말체의 서술 방식으로 쓰였고, 총 5권 9편에 140여 조목으로 나뉘어 있다. 그 내용은 〈왕력王曆〉·〈기이紀異〉·〈흥법興法〉·〈탑상塔像〉·〈의해義

인각사 일연 선사가 《삼국유사》를 저술한 곳으로 경북 군위에 있다.

解〉·〈신주神呪〉·〈감통感通〉·〈피은避隱〉·〈효선孝
善〉 등이다.

그 내용을 간단하게 살펴보면 〈왕력〉은 중국의 연
대와 대조한 삼국 및 가락국의 약력을 기록한 것이며,
〈기이〉는 신화나 설화를 중심으로 신비롭고 기이한
역사를 기록한 것이다. 〈흥법〉은 불법을 일으킨 고승
들의 이야기, 〈탑상〉은 사찰·탑·불상 등의 유래에
관한 것, 〈의해〉는 부처와 고승들이 가르친 뜻을 풀이
한 글, 〈신주〉는 신통한 주술에 관련된 스님들의 이야
기, 〈감통〉은 부처에게 감응한 사람들의 고사이고, 〈피
은〉은 세속을 피하여 숨은 사람들의 이야기이며, 마지
막 〈효선〉은 효와 선행을 한 사람들의 이야기이다.

이 책 《삼국유사》는 일반 독자와 청소년들이 보다
이해하기 쉽게 7장으로 재편집하였다. 아무쪼록 이
책을 통해 우리 조상의 기원과 애환을 다시금 되새겨
보고, 민족의 자부심을 다시 한 번 만끽하길 기원해
본다.

차례

제5장 불법을 일으킨 고승들의 이야기

순도 고구려에 불법을 전파하다 218 / 마라난타 백제에서 처음으로
불법을 펴다 219 / 아도 신라 불교의 기초를 마련하다 221 / 법흥왕
불법을 일으키고 이차돈 순교하다 225 / 자장 계율을 정하다 230 /
원효 대중 포교에 앞장서다 236 / 의상 고국에 화엄종을 전하다 241 /
혜현 홀로 조용히 수도했지만 중국에까지 널리 알려지다 247 / 천축
국으로 간 여러 법사 250

제6장 자비와 호국의 염원이 깃든 절·탑·불상

금관성 파사석탑 허왕후의 안전과 왜국의 침략을 막다 254 / 황룡사
장육존상 인도 아육왕이 보내온 것으로 만들다 256 / 황룡사 구층탑
사방 오랑캐를 진압하는 신비의 목탑 259 / 황룡사와 봉덕사 종, 분황
사 약사여래불 유래 264 / 하늘과 땅에서 나온 사방불과 당 황제도
감탄한 만불산 266 / 신통한 백률사 불상 270 / 5만 불보살의 성지
오대산과 월정사·상원사 275

쉬어가기 불탑의 유래 282

제7장 세상을 감동시킨 불심과 효, 신행 이야기

염불하다가 승천한 계집종 욱면 286 / 이승과 저승의 부모를 위해 불국사와 석굴암을 지은 대성 290 / 노모 위해 아이를 묻으려다 돌종을 얻은 손순 296

부록 고구려 · 백제 · 신라 · 가야 · 발해 임금 연표

제1장

성스러운 건국신화와
시조 왕 이야기

단군왕검

단군왕검

아사달(상상도) 국학원 전시관 소장

　지금으로부터 2천 년 전에
단군왕검檀君王儉이 있었다.
그는 아사달阿斯達에 도읍을
정하고 새로 나라를 세워 나라
이름을 조선朝鮮이라고 불렀으
니, 이때가 중국 요堯
임금과 같은 시기였
다. 이는 중국 역사서
인 《위서魏書》에 적힌
기록이다. 이와 관련
하여 예로부터 전해
오는 기록은 이렇다.

천부인 – 청동거울 · 청동검 · 청동방울

옛날에 하늘나라의 제왕
인 환인桓因의 서자 환웅桓
雄이란 이가 있었는데 자주
천하에 뜻을 두어 인간 세
상을 가보고 싶어 했다. 아
버지가 아들의 뜻을 알고
세 봉우리가 우뚝 솟은 태

천부인天符印
천부인이 무엇을 뜻하는지는
분명히 알 수 없지만 고조선이
청동기 시대에 성립된 것으로
보아, 고대사회 초기에 주술의
도구이자 권위의 상징이기도
했던 청동단검 · 청동거울 · 청
동방울이나 옥 등과 같은 상징
물이라고 추정한다.

백산을 내려다보니 인간들을 널리 이롭게 해줄 만한
신성한 땅으로 여겼다. 그래서 *천부인天符印 세 개를
환웅에게 주어 인간의 세계를 다스리도록 하였다.

환웅은 무리 3천 명을 거느리고 태백산 정상에 있
는 신단수神檀樹 밑에 내려왔다. 그곳을 신시神市라고
한다. 환웅천왕은 바람과 비와 구름을 맡은 신들을 거
느리고 곡식 · 수명 · 질병 · 형벌 · 선악 등 모든 인간

신시(상상도) 국학원 전시관 소장

의 360여 가지 일을 주관하여 세상을 다스리고 교화했다.

이때 범 한 마리와 곰 한 마리가 같은 굴속에서 살고 있었는데 그들은 항상 신웅神雄, 즉 환웅에게 빌어 사람이 되길 간절하게 원했다. 이에 신웅은 신령스러운 쑥 한 줌과 마늘 20개를 주면서 말했다.

"너희들이 이것을 먹고 백일 동안 햇빛을 보지 않으면 곧 사람이 될 것이다."

곰과 범이 이것을 받아서 먹고 삼칠일(21일) 동안 조심했더니 곰은 여자로 변했으나 범은 금기를 지키지 못하여 사람으로 변하지 못했다. 여자가 된 곰은 혼인해서 같이 살 사람이 없으므로 날마다 신단수 밑에서 아기 갖기를 기원했다. 이 모습을 안타깝게 여긴 환웅이 잠시 사람의 몸으로 변하여 그녀와 혼인하여 아들을 낳으니, 바로 이분이 단군왕검이다.

단군왕검은 중국의 요임금이 즉위한 지 50년인 경인년에 평양성에 도읍하여 나라 이름을 조선이라고 불렀다. 또 도읍을 백악산 *아사달로 옮겼다. 혹자는 그곳을 궁홀산弓忽山 혹은 금미달今彌達이라 한다. 그는 1천500년 동안 그곳에서 나라를 다스렸다.

아사달阿斯達
아침 해가 비추는 땅으로 '조선'의 본뜻으로 추정된다. 지금 평양 부근의 백악산 또는 황해도 구월산이란 설이 있다.

주周나라 무왕이 즉위한 기묘년에 기자箕子를 조선에 봉했다. 이에 단군은 장당경藏唐京(황해도 구월산 밑의 지명)으로 옮겼다가 뒤에 돌아와서 아사달에 숨어서 산신이 되니, 나이는 1천908세였다고 한다.

당나라 《배구전裴矩傳》에는 이렇게 전한다.

"고려는 원래 고죽국孤竹國(지금의 해주)이었다. 주나라에서 기자를 봉하여 조선이라 했다. 한나라에서는 세 군으로 나누어 설치하였으니 이것은 곧 현토·낙랑·대방(북대방)이다."

북부여 해모수 왕과
동부여 해부루 왕

　서기전 58년 4월 8일에 천제(옥황상제)가 흘승골성
訖升骨城(지금의 환인시로 추정)에 내려왔다. 다섯 마리
용이 끄는 수레를 타고 도읍을 정하여 왕이라 일컬으
며 나라 이름을 북부여라 하고, 스스로 해모수解慕漱
라고 불렀다.

　아들을 낳아 이름을 부루扶婁라 하고 성씨는 해解로
삼았다. 어느 날 해부루의 대신 아란불阿蘭弗의 꿈에
천제가 내려와서 말했다.

　"장차 내 자손으로 하여금 이곳에 나라를 세울 터
이니 너는 다른 곳으로 피해 가도록 하라.—이것은 고
구려의 동명왕이 장차 일어날 조짐을 말함이다.— 동

해에 가섭원迦葉原이라는 곳이 있는데 땅이 기름지니 왕도를 세울 만할 것이다.”

이에 아란불은 왕을 권하여 그곳으로 도읍을 옮기고 국호를 동부여라 했다.

부루는 늙도록 자식이 없었다. 어느 날 산천에 제사를 지내어 후사를 구했는데, 이때 타고 가던 말이 곤연鯤淵(큰 못을 의미하며, 일설에는 백두산 천지로 추정)에 이르러 큰 돌을 보고는 갑자기 눈물을 흘렸다. 왕이 이상히 여겨 사람을 시켜 그 돌을 들추어보니 거기에 어린애가 하나 있는데 모양이 금빛 개구리와 같았다. 왕은 기뻐하여 말했다.

“이것은 필경 하늘이 나에게 아들을 주시는 것이로구나.”

그 아이를 거두어 기르면서 이름을 금와金蛙라고 했다. 차츰 자라자 태자로 삼았고 부루가 죽자 금와가 뒤를 이어 왕이 되었다. 그리고 다음의 왕위를 태자 대소에게 전했다. 서기 22년에 이르러서 고구려의 제3대 왕인 대무신왕 무휼이 동부여의 대소를 죽이니 이로써 나라가 없어졌다.

고구려 시조 동명성왕

고구려는 곧 졸본부여다. 혹자는 졸본부여가 지금의 화주和州, 또는 성주成州라고 말하지만 이는 모두 잘못 안 것이다. 졸본은 요동의 경계에 있었다.

《고려본기高麗本紀》에 다음과 같이 전한다.

시조 동명성제의 성은 고씨요, 이름은 주몽朱蒙이다. 이보다 앞서 북부여의 왕 해부루가 이미 동부여로 피해 가고, 부루가 죽자 금와가 왕위를 이었다. 어느 날 금와는 태백산 남쪽 우발수優渤水에서 한 여자를 만났는데, 그녀는 이렇게 말했다.

주몽 고구려 시조로 활쏘기의 달인이며 정식 왕명은 동명성왕이다.

"저는 하백河伯의 딸로서 이름은 유화柳花라고 합니다. 여러 동생들과 함께 물 밖으로 나와서 노닐었는데, 어떤 남자 하나가 오더니 자기는 천제의 아들 해모수라고 하면서 저를 웅신산熊神山(백두산) 밑 압록강 근처의 집 안으로 유인하여 남몰래 정을 통하고 가더니 돌아오지 않았습니다. 부모는 제가 중매도 없이 혼인한 것을 꾸짖어서, 드디어 이곳으로 귀양 보냈습니다."

금와가 이상히 여겨 그녀를 방 속에 가두어 두었더니 햇빛이 방 안으로 비쳐오는데, 그녀가 몸을 피하면 햇빛은 다시 따라와서 비추었다. 그로 인하여 태기가 있어 알 하나를 낳으니, 크기가 닷 되만 했다. 왕은 그것을 개와 돼지에게 던져주었으나 모두 먹지 않았다. 다시 길에 내다버렸더니 소와 말이 그 알을 피해서 가고, 들에 내다버리니 새와 짐승들이 알을 덮어주었다. 왕이 이것을 쪼개보려고 했으나 아무리 해도 쪼개지지 않아 그 어머니 유화에게 돌려주었다.

유화는 이 알을 천으로 싸서 따뜻한 곳에 놓아두었다. 그랬더니 한 아이가 껍질을 깨고 나왔는데, 골격

고구려 금관

고구려 벽화 - 중무장 군사도

과 외모가 영특하고 기이했다. 나이 겨우 일곱 살에
기골이 또래 아이들보다 뛰어났으며 스스로 활과 화
살을 만들어 쏘았는데 백발백중이었다. 나라 풍속에
활을 가장 잘 쏘는 사람을 주몽이라고 불렀으므로 이
를 이름으로 삼았다.

금와왕에게는 아들 일곱이 있는데 항상 주몽과 함
께 놀았으나 모두 주몽의 재주를 따르지 못했다. 이에
시샘이 난 맏아들 대소가 왕에게 말했다.

"주몽은 사람의 자식이 아닙니다. 만일 일찍 없애
지 않는다면 후환이 있을까 두렵습니다."

하지만 왕은 그 말을 듣지 않고 주몽을 시켜 말을
기르게 했다. 주몽은 좋은 말을 알아보아 적게 먹여서
여위게 기르고, 둔한 말을 잘 먹여서 살찌게 했다. 그런 내막을 모르던 왕은 살찐 말은 자기가 타고 여윈 말은 주몽에게 주었다.

얼마 후 왕의 여러 아들과 신하들이 주몽을 죽일 계획을 세웠다. 유화는 이 사실을 알고 주몽을 불러 말했다.

"지금 나라 안 사람들이 너를 해치려고 하는데, 네 재주와 지략을 가지고 어디를 가면 못 살겠느냐. 빨리 이곳을 떠나도록 해라."

이에 주몽은 오이·마리·협보 등 세 사람을 벗으로 삼아 동부여를 떠났다. 그러자 주몽을 죽이려는 자들이 어느새 뒤쫓아왔다. 다급해진 주몽은 압록강 동

동명왕릉 북한 평양에 있으며 북한의 국보문화유물 제36호로 지정

북쪽에 있는 엄수淹水까지 도피했는데, 건널 다리가 없자 물의 신에게 말했다.

"나는 천제의 아들이요, 하백의 손자다. 오늘 멀리 가려 하는데, 추격자들이 거의 다 쫓아왔으니 어찌하면 좋겠는가?"

그러자 물속에서 물고기와 자라가 나타나 다리를 만들어 주몽 일행을 건너가게 해주고 곧 사라져버렸다. 때문에 추격병들은 물을 건널 수 없었다.

도망에 성공한 주몽은 졸본에 이르러 도읍을 정했다. 그러나 미처 궁을 세울 겨를이 없어서 비류수 위에 집을 짓고 살면서 나라 이름을 고구려라 하고, 고高를 성씨로 삼았다. 이때 주몽의 나이 12세로, 서기 전 37년에 즉위하여 왕이라 일컬었다. 고구려가 제일 융성하던 때는 21만 508호나 되었다.

백제 시조 온조왕

백제의 시조는 온조로 그의 아버지
는 추모왕, 혹은 주몽이라고 한다. 주
몽은 북부여에서 난리를 피하여 졸본
부여에 왔다. 그곳의 왕은 아들이 없
고 다만 딸 셋이 있었는데, 주몽을 보
자 범상치 않은 사람인 것을 알고 둘
째딸을 아내로 주었다. 얼마 후, 졸본
부여의 왕이 죽자 주몽이 그 왕위를
이어받았다.

온조 동명왕의 셋
째아들이자 백제
의 시조

주몽은 북부여에서 낳은 큰 아들인 유리가 있었고,
졸본부여에서 두 아들을 낳았는데, 비류와 온조였다.
뒤에 비류와 온조는 유리 왕자가 태자가 되자 그에게

자신들이 용납되지 않을 것을 걱정하여 마침내 오간·마려 등 10여 명 신하들과 함께 남쪽으로 가니 백성들도 이를 따르는 자가 많았다.

그들은 드디어 한산에 이르러 북한산에 올라가 살 만한 곳을 찾아보았다. 비류는 바닷가에 가서 살자고 하자 열 명의 신하들은 반대했다.

풍납토성 하남위례성으로 추정되는 백제 초기의 토성. 서울 송파구에 위치함.

몽촌토성 풍납토성과 더불어 하남위례성의 일부로 알려짐.

"저 땅은 북쪽으로는 한수漢水가 흐르며 동쪽으로는 높은 산을 의지했고, 남쪽으로 비옥한 못을 바라보며, 서쪽으로는 큰 바다가 가로놓여 있어서 지세가 천연적으로 험하고 토지에서 생산물이 많을 것 같습니다. 그러니 여기에 도읍을 정하는 것이 어찌 좋지 않겠습니까?"

그러나 비류는 신하들의 말을 따르지 않고 백성을 나누어 지금의 인천 부근인 미추홀彌雛忽에 가서 살았다. 한편 온조는 한강 남쪽 부근인 하남위례성에 도읍을 정했다. 열 명의 신하가 함께 한강을 건너와서 보좌를 해주었기 때문에 나라 이름을 십제十濟라 했다. 이때가 서기전 18년이었다.

비류는 미추홀이란 곳이 습기가 많고 물이 짜서 편안히 살 수가 없었다. 그리하여 위례성에 돌아와 보니 도읍은 안정되고 백성들은 편안히 살고 있으므로 마침내 부끄러워하고 후회하면서 죽었다. 이에 그의 신하와 백성들은 모두 위례성으로 돌아왔다.

그 뒤에, 백성들이 한강을 건너올 때에 기뻐했다고 해서 나라 이름을 *백제百濟라고 고쳤다. 그 선대의 계보는 고구려와 마찬가지로 부여에서 나왔기 때문에 성씨를 해解(혹은 부여)라고 했다. 그 후 성왕 때에 도읍을 사비로 옮겼으니 이것이 지금의 부여군이다.

백제百濟
비류 태자의 백성들이 미추홀에서 살지 못하고 다시 온조왕이 안착했던 하남위례성으로 한강을 건너왔다는 뜻에서 백성의 '백百'자와 건널 '제濟'자를 취하여 백제라고 나라 이름을 정했다.

백제 석촌동 고분
고구려 계통임을 알 수 있는 적석총 무덤

《고전기古典記》에 의하면 동명왕의 셋째 아들 온조는 서기전 18년에 졸본부여에서 위례성으로 와서 도읍을 정하고 왕이라 일컬었다. 서기전 5년에 도읍을 한산으로 옮겨 389년을 지냈으며, 13대 근초고왕 때인 371년에 고구려의 남평양을 빼앗아 도읍을 북한성(경기도 양주)으로 옮겨 105년을 지냈다.

22대 문주왕이 즉위하던 475년에는 도읍을 웅천(충남 공주)으로 옮겨 63년을 지내고, 26대 성왕 대에 도읍을 소부리로 옮기고 국호를 남부여라 하여 31대 의자왕에 이르기까지 120년을 지냈다. 백제에는 본래 다섯 부가 있어 37군 200성 76만 호로 나뉘었다.

온조왕은 동명왕의 셋째아들로서 몸이 장대하고 효도와 우애가 지극하며, 말 타기와 활쏘기를 잘했다.

또 그의 아들인 다루왕은 너그럽고 관후했으며 위엄
과 인망이 있었다.

공주산성
세 번째 백제 수도에 있던 성으로 백제 멸망 뒤 백제 부흥운동이 벌어지기도 함.

신라 시조 혁거세왕

서기전 69년 3월 초하루에 서라벌 일대의 *육부촌 시조들은 저마다 자제를 거느리고 알천 언덕 위에 모여 의논했다.

"우리들은 위로 임금이 없어 백성들을 다스리지 못하기 때문에 백성들은 모두 방자하여 제멋대로 하고 있다. 그러니 어서 덕이 있는 사람을 찾아서 임금을 삼아, 나라를 세우고 도읍을 정합시다."

그들이 높은 곳에 올라 남쪽을 바라보니, 양산 아래 나정이라는 우물 주변에 상서로운 기운이 땅에 드리워졌고, 백마 한 마리가 땅에 꿇어앉아 절하는 형상을 하고 있어서 살펴보니 거기에는 자줏빛 알 한 개가 있었다. 백마는 사람을 보더니 길게 울고는 하늘로 올라가 버렸다.

나정 유적 박혁거세가 탄생한 곳으로 알려진 우물

사람들이 알을 깨니 어린 사내아이가 나왔는데, 그 모습이 단정하고 아름다웠다. 모두 놀라 이상하게 여겨 그 아이를 동천東泉에 목욕시켰더니 몸에서 광채가 나고 새와 짐승들이 따라서 춤을 췄다. 또한 곧 천지가 진동하고 해와 달이 밝게 빛났기 때문에 아이의 이름을 혁거세赫居世라고 지었다. 왕위에 오르자 *거슬감居瑟邯이라고 했다. 이에 당시 사람들은 앞다투어 칭찬하면서 말했다.

박혁거세

> **거슬감居瑟邯**
> 신라 초기 왕의 명칭. 신라왕은 처음에는 거슬감 혹은 거서간으로 불렸으며, 그 후에는 차차웅·이사금·마립간 등으로 불리웠다.

"이제 천자가 이미 하늘에서 내려왔으니 마땅히 덕 있는 왕후를 찾아 배필로 삼아야 합니다."

이날 사량리에 있는 알영정閼英井 가에 계룡鷄龍이 나타나서 왼쪽 갈비에서 어린 계집애를 낳았다. 얼굴과 모습이 유달리 고왔으나 입술이 마치 닭 부리와 같았다. 그래서 월성 북쪽에 있는 냇물에 목욕을 시켰더니 그 부리가 떨어졌다. 이 일 때문에 그 개천을 발천撥川이라고 불렀다.

월성 석빙고 신라시대 얼음을 넣어두던 창고

사람들은 남산 서쪽 기슭(포석정 동쪽)에 궁을 짓고 두 성스러운 어린이를 받들어 길렀다. 남자아이는 알에서 태어났고 그 알의 모양이 표주박과 비슷했는데, 당시 시골 사람들은 표주박을 '박朴'이라고도 하기 때문에 성씨를 '박'으로 삼았다. 또 계집아이는 그가 나온 우물인 '알영'으로 이름을 지었다.

　서기전 57년은 두 성인聖人이 13세가 되던 해로 남자아이를 왕, 여자아이를 왕후로 정식 추대하였다. 그리고 나라 이름을 서라벌 또는 서벌이라 하고 혹은 사라, 사로라고도 했다. 처음에 왕후가 계정鷄井에서 탄생했기 때문에 나라 이름을 계림국鷄林國이라고도 했다. 이것은 계룡이 상서로움을 보였기 때문이다.

　일설에는 탈해왕脫解王 시절에 김알지金閼智를 얻을 때, 닭이 숲속에서 울었다 해서 국호를 계림이라 했다고도 한다. 후세에 와서 나라 이름을 '신라'로 정했다.

　왕은 나라를 다스린 지 61년 되던 어느 날 하늘로 돌아갔다. 그런데 7일 후에 그의 몸뚱이가 땅에 흩어져 떨어졌고, 왕후도 역시 세상을 떠났다 한다. 나라 사람들은 이들을 합장하려 했으나 큰 뱀이 나타나더

오릉 박혁거세의 무덤으로 부인 알영과 아들 제2대 남해 차차웅, 3대 유리 이사금, 5대 파사 이사금 등이 합장된 것으로 추정

니 쫓아다니면서 이를 방해하므로 머리와 양팔과 양다리를 각각 장사지내어 오릉五陵을 만들었다. 또한 뱀으로 인하여 능의 이름을 사릉蛇陵이라고도 했다. 바로 담엄사曇嚴寺 북릉北陵이 이것이다. 태자가 왕위를 계승하니 남해왕이었다.

가야 시조 김수로왕

천지가 처음 열린 이후로 김해 일대에는 아직 나라
가 없었다. 그리고 또 임금과 신하의 명칭도 없었다.
단지 이곳에는 아도간·여도간·피도간·오도간·
유수간·유천간·신천간·오천간·신귀간 등 아홉
부족장이 있었다.

이 부족장들이 백성들을 통솔했는데 모두 1만 호, 7
만 5천 명이었다. 이들은 거의 산과 들에 모여서 살았
으며, 우물을 파서 물을 마시고 밭을 갈아 곡식을 재
배하여 먹고 살았다.

서기 42년 3월 상사일은 액땜을 하기 위해 목욕하
고 술을 마시는 날인데, 그들이 살고 있는 북쪽 구지
봉(김해시 구산동)에서 무엇을 부르는 이상한 소리가

구지봉 수로왕 탄강지

낤다. 백성 2~300명이 여기에 모였는데 사람의 소리 같기는 하지만 그 모습은 드러나지 않고 말소리만 들렸다.

"그곳에 사람이 있느냐?"

아홉 부족장이 말했다.

"저희들이 있습니다."

"너희들이 있는 곳이 어디인가?"

"구지봉입니다."

그러자 또 이런 소리가 들렸다.

"하늘이 나에게 명하기를 이곳에 나라를 새로 세우고 임금이 되라 하여 일부러 여기에 내려왔다. 너희들은 모름지기 산봉우리 꼭대기의 흙을 파면서 노래를 부르되 '거북아, 거북아, 머리를 내밀라. 만일 내밀지 않으면 구워먹겠다.'라고 노래하고 뛰면서 춤을 추어라. 그러면 곧 대왕을 맞이하여 기뻐하게 될 것이다."

아홉 부족장들은 이 말을 좇아 모두 기뻐하며 노래하고 춤추었다. 얼마 후, 하늘을 우러러 쳐다보니 자줏빛 줄이 내려와 땅에 닿아 있었다. 그 노끈의 끝을 찾아보니 붉은 보자기에 금빛의 상자가 싸여 있어서 열어보니 해처럼 둥근 황금 알 여섯 개가 있었다.

여러 사람들은 모두 놀라고 기뻐하여 함께 수없이 절하고 나서 싸안고 아도간의 집으로 돌아와 상 위에 놓아두고 각기 흩어졌다. 그렇게 12일이 지나고 그 다음날 아침에 여러 사람들이 다시 모여서 상자를 열어보니 여섯 알은 부화해서 어린아이가 되어 있는데 용모가 매우 훤칠했다.

그들을 평상 위에 앉히고 절하고 축하하면서 극진히 공경했다. 이들은 나날이 자라서 십수 일이 지나자 키는 9척으로 은나라 시조왕인 천을과 같고, 얼굴은 용과 같아 한나라 고조였던 유방과 비슷했다. 눈썹이 팔자로 채색이 나는 것은 전설적인 고대 중국의 성군이었던 당나라 요임금과 비슷했고, 겹눈동자는 역시 중국의 성군인 우나라의 순임금과 흡사했다.

그달 보름에 왕위에 오르니 세상에 처음 나타났다

고 해서 이름을 수로首露, 혹은 수릉首陵이라고 했다.
나라 이름을 대가락이라 하고 또 가야국이라고도 하
니 이는 곧 여섯 가야 중의 하나다. 나머지 다섯 사람
도 각각 다섯 가야의 임금이 되었다.

　나라의 땅은 동쪽으로 황산강, 서남쪽으로 창해, 서
북쪽으로 지리산, 동북쪽으로 가야산이며 남쪽은 나
라의 끝이었다.

　수로왕은 199년 3월 23일에 세상을 떠나니, 나이는
158세였다. 나라 사람들은 마치 부모를 잃은 듯 슬퍼
하였다. 대궐 동북쪽 평지에 빈궁殯宮을 세우니 높이
가 한 길이며 둘레가 300보인데 거기에 장사지내고
수로왕릉이라고 불렀다.

김수로왕릉

발해 시조 고왕 대조영

대조영 고구려 유민 출신으로 발해를 건국함.

발해는 본래 속말말갈粟末靺鞨이다. 그 부족장이었던 대조영大祚榮에 이르러서 나라를 세우고 국호를 스스로 진단이라고 했다. 712년 무렵에 비로소 말갈이라는 명칭을 버리고 오로지 발해라고 일컬었다. 719년에 대조영이 세상을 떠나자 시호를 고왕高王이라 했다.

세자가 대를 이어 왕위에 오르자 당나라 현종이 그를 책봉하여 왕위를 잇게 했다. 하지만 드디어 스스로 연호를 고치고 해동의 큰 나라가 되었다. 그 땅에는 5

경京 15부府 62주州가 있었다. 이는 중국의 역사서인 《통전通典》에 남아 있는 발해에 관한 기록이다. 《삼국사三國史》에는 발해의 군사력에 대한 다음과 같은 기록이 있다.

"서기 678년에 고구려의 잔당이 남은 무리를 모아 북으로 태백산 밑에 웅거하여 국호를 발해라고 했다. 732년경에 당의 현종이 장수를 보내서 발해를 공격했다. 그러자 발해는 734년에 바다를 건너 당나라 등주를 공략하자 놀란 현종은 급하게 방비하도록 명을 내렸다."

또 《신라고기新羅古記》에 이런 기록이 있다.

"고구려의 옛 장수 조영의 성은 대씨이다. 그는 남은 군사를 모아 태백산(백두산) 남쪽에 나라를 세우고 국호를 발해라고 했다."

당나라 가탐이 쓴 《군국지郡國志》에는 발해국의 압록 · 남해 · 부여 · 추성 등 4부府는 모두 고구려의 옛 땅이었고, 신라 천장군에서 추성부에 이르기까지 도

발해 외교문서

발해 유물(글씨가 있는
불비상)

발해 유물(수막새)

합 39역이 있었다고 하였다. 또 《삼국사三國史》에는
백제의 말년에 발해·말갈·신라가 백제의 땅을 나
누어 가졌다고 기록되어 있다.

난생신화 卵生神話

우주 창조나 신, 혹은 민족의 시조가 알에서 태동되었다는 신화이다. 이러한 난생신화는 우리나라뿐만 아니라 세계 각 나라와 민족에서 찾아볼 수 있다. 그리스의 오르페우스교에 최초의 신인 '파네스'와 인도의 베다 신화에 있어 최고신인 '브라만'도 물에 떠 있는 황금의 알 – '나라야나'에서 태어났다고 알려진다.

또 폴리네시아의 창조신인 '탄갈로아'는 알에서 태어났는데, 그 알의 껍데기는 하늘과 땅이 되고, 껍데기의 부스러기는 섬이 되었다고 전해진다. 그리고 페니키아 천지창조 신화에서도 알이 깨어지면서 태양과 달 등 모든 천체가 생겨났고, 핀란드의 전설에도 바다에 떠다니는 여신 '일마타르'의 무릎에 떨어진 오리알에서 세계가 생겨났다고 한다.

이 밖에도 중국 은나라의 시조 설契의 어머니는 여동생과 함께 시냇가에서 목욕을 하며 놀다 제비의 알을 입에 삼킨 후 설을 낳았다고 한다. 이러한 난생신화는 이집트와 예멘, 인도네시아 등의 동남아시아에도 널리 분포한다.

특히 난생신화는 태양신과 조류숭배사상과 밀접한 연관이 있다. 고대인은 태양을 하늘의 중심이자 으뜸가는 천신으로 여겼다. 이 태양과 지상을 연결시켜주는 신성한 동물이 조류였다. 또한 조류가 낳은 알은 바로 둥근 태양을 닮았기 때문에 자연스럽게 하늘에 명을 받은 신성한 사람은 알에서 태어난다는 믿음을 가지게 되었던 것이다.

삼족오 태양 속에 산다는 세 발 달린 까마귀

일례로, 고대 한국 마을 입구마다 세워두었던 솟대 위의 새는 마을 수호신의 상징이었고, 고구려의 고분벽화에 출현하는 태양 속에 깃들어 사는 세발 달린 까마귀인 '삼족오三足烏'는 국기로 사용했으며, 삼국 벼슬아치의 관모에 꽂았던 새 깃털 등은 조류숭배 사상의 한 표현이었다.

이처럼 새와 알은 우주 창조와 신성한 생명 탄생의 매개체로 여겼고, 또한 부활의 상징으로도 여겼다. 때문에 우리나라에서는 이미 청동기 시대부터 사람이 죽었을 때 그 유해를 알 형태의 반구 모양 독이나 항아리인 옹관甕棺에 넣어 장사를 지냈고, 부장품으로 오리나 각종 새 모양의 토기알 등을 함께 묻었던 것이다.

옹관

제2장

나라의 흥망성쇠와 관련한
왕들의 신비로운 이야기

남해왕 때에 가락국 바다 가운데에 배 한 척이 와서 닿았다. 그 나라의 수로왕이 백성들과 함께 북을 치면서 그들을 맞아 머물게 하려고 했으나 그 배는 나는 듯이 계림 동쪽 하서지촌의 아진포로 가버렸다. 이때 때마침 갯가에 '아진의선'이라 불리는 혁거세왕의 고기잡이 할멈이 그 광경을 먼 곳에서 바라보고 말했다.

　"이 바다 한가운데에는 본래 바위가 없는데, 무슨 까닭으로 까치들이 모여 우는가?"

　할멈은 이상하게 여기고 가까이 살펴보니 바위가 아니고 배였다. 그 배 안에는 궤 하나가 있었는데 길이는 스무 자요, 너비는 열석 자가 되었다. 그 배를 끌어다가 나무 숲 밑에 매어두고, 이것이 흉한 것인지 길한 것인지 몰라서 하늘을 향해 고했다.

이윽고 궤를 열어보니 단정히 생긴 사내아이가 하나 있고 아울러 칠보(금·은·유리·차거·마노·호박·산호)와 노비가 가득 차 있었다. 그들을 7일 동안 잘 대접했더니 사내아이는 그제야 말을 했다.

  "저는 본래 용성국(완하국) 사람이오. 우리나라에는 원래 스물여덟 용왕이 있었는데, 그들은 모두 사람의 태胎에서 났으며 나이 5, 6세부터 왕위에 올라 만백성을 가르쳐 성명性命을 바르게 했소. 8품의 성골이 있는데 골고루 모두 왕위에 올랐소. 그때 저의 부왕 함달파含達婆가 적녀국積女國의 왕녀를 맞아 왕비로 삼았소. 오래 되어도 아들이 없자 기도를 드려 아들 낳기를 구하여 7년 만에 커다란 알 한 개를 낳았소. 이에 대왕은 모든 신하들을 모아 묻기를 '사람으로서 알을 낳았으니 고금에 없는 일이다. 이것은 아마 좋은 일이 아닐 것이다.' 하고 궤를 만들어 나를 그 속에 넣고 칠보와 노비들을 함께 배 안에 실은 뒤 바다에 띄우면서 빌기를, '아무쪼록 인연 있는 곳에 닿아 나라를 세우고 한 가문을 이루도록 해주시오.' 라고 했소. 빌기를 마치자 갑자기 붉은 용이 나타나더니 배를 호위해서 지금 여기에 도착한 것이오."

토함산 안내비

말을 끝내자 그 아이는 지팡이를 끌고 두 종을 데리고 토함산 위에 올라가더니 돌집을 지어 7일 동안을 머무르면서 성 안에 살 만한 곳을 찾아보았다. 이때 마치 초승달 모양으로 보이는 산 하나가 눈앞에 들어왔는데 오래 살 만한 곳 같았다. 이내 그곳을 찾아가니 바로 호공瓠公의 집이었다.

이에 재치 발랄한 아이는 즉석에서 꾀를 냈다. 먼저 몰래 숫돌과 숯을 그 집 곁에 묻어놓고, 그 다음날 아침에 문 앞에 가서 말했다.

"이곳은 우리 조상들이 살던 집이오."

호공은 말도 안 된다며 다투었으나 해결이 되지 않자 관청에 고발하였다. 관청에서 동자에게 물었다.

"무엇으로 네 집이라는 것을 증명할 수 있느냐?"

"우리 조상은 본래 대장장이였소. 잠시 이웃 고을에 간 동안에 다른 사람이 빼앗아 살고 있으니 그 집 땅을 파서 조사해 보시오."

이 말에 따라 땅을 파니 과연 숫돌과 숯이 나왔다. 이리하여 그 집을 빼앗아 살게 되었다. 이때 남해왕은 그 동자, 즉 탈해가 지혜가 있음을 간파하고 맏공주를 그에게 시집보냈는데 이가 바로 아니부인이다.

어느 날 탈해가 동악(토함산)에 올라갔다가 내려오는 길에 하인을 시켜 물을 떠오게 했다. 하인은 물을 떠가지고 오다가 중도에서 먼저 마시고는 탈해에게 올리려 했다. 그러나 물그릇 한쪽이 입에 붙어서 떨어지지 않았다. 탈해가 꾸짖자 하인은 맹세하였다.

"이후로는 가까운 곳이나 먼 곳이거나 감히 먼저 마시지 않겠습니다."

그제야 물그릇이 입에서 떨어졌다. 이로부터 하인은 탈해를 더욱 두려워하고 감히 속이지 못했다. 지금 동악 속에 우물 하나가 있는데, 사람들이 요내정遙乃井이라고 부른다.

탈해왕릉

　노례왕弩禮王이 세상을 떠나자 탈해가 왕위에 올랐
다. 이때가 서기 57년 6월이었다. 옛날에 남의 집을
내 집이라 하여 빼앗은 까닭으로 석씨昔氏, 혹은 까치
가 궤를 열었기 때문에 까치 작鵲에서 조鳥 자를 떼고
석씨로 성을 삼았다고도 한다. 또 궤를 열고 알을 벗
기고 나왔다 해서 이름을 '탈해' 라고 했다고 한다.
　그는 왕위에 오른 지 23년(79)만에 세상을 떠나서
소천구 속에 장사지냈다.

김알지
금궤에서 나온 신라 김씨의 시조

서기 60년 8월 4일 호공瓠公이 밤에 월성의 서쪽 마을을 걸어가는데, 크고 밝은 빛이 시림(계림) 속에서 비치는 것이 보였다. 자줏빛 구름이 하늘로부터 땅에 뻗쳤는데 그 구름 속에 황금의 궤가 나뭇가지에 걸려

있고, 그 빛은 궤 속에서 나오고 있었다. 또 흰 닭이 나무 밑에서 울고 있었다.

호공은 이 광경을 왕에게 아뢰었다. 왕이 그 숲에 가서 궤를

반월성

계림 경주 김씨 시조 김알지의 발상지. 신라의 다른 이름으로 사용되기도 함.

열어보니 사내아이가 있는데 누웠다가 곧 일어났다. 이것은 마치 혁거세의 고사와도 같았으므로 그 말에 따라 그 아이를 알지關智라고 이름

지었다. 알지란 곧 우리말로 소아를 일컫는 것이다. 그 아이를 안고 대궐로 돌아오니 새와 짐승들이 서로 따르면서 기뻐하여 뛰놀고 춤을 추었다.

왕은 좋은 날을 가려 그를 태자로 책봉했다. 그는 뒤에 태자의 자리를 파사왕婆娑王에게 물려주고 왕위에 오르지 않았다. 금궤에서 나왔다 하여 성씨를 김이라 했다. 알지는 열한을 낳고 열한은 아도를 낳고, 아도는 수류를 낳고, 수류는 욱부를 낳고, 욱부는 구도를 낳고, 구도는 미추(알지의 7대손)를 낳았는데, 미추가 왕위에 올랐다. 이렇듯 신라의 김씨는 알지에서 시작된 것이다.

미추왕 죽엽군으로 나라를 지키고 김유신의 혼령을 달래다

제13대 미추니질금未鄒尼叱今(미추왕)은 김알지의 7대손이다. 대대로 벼슬이 높고 또 성스러운 덕이 있었다. 점해왕의 뒤를 이어서 비로소 왕위에 올랐다. 왕위에 오른 지 23년 만에 세상을 떠났으며 능은 흥륜사 동쪽에 있다.

제14대 유례왕 때 이서국(경상도 청도에 있던 나라) 사람들이 금성에 쳐들어왔다. 신라에서도 크게 군사를 동원했으나 오랫동안 대항할 수가 없었다. 그때 갑자기 이상한 군사가 와서 신라군을 도왔는데 그들은 모두 댓잎을 귀에 꽂고 있었다. 이들은 신라 군사와 힘을 합해서 적을 쳐부수었다. 그러나 적군이 물러간

미추왕릉 원형봉토분 중에서 규모가 큰 왕릉으로 알려져 주변을 내릉원이라 함.

뒤에는 이들이 어디로 갔는지 알 수가 없었다. 다만
댓잎만이 미추왕의 능 앞에 쌓여 있을 뿐이었다. 그제
야 미추왕의 혼령이 뒤에서 도와 나라에 공을 세웠다
는 것을 알았다. 이리하여 그 능을 죽현릉竹現陵이라
고 불렀다.

제36대 혜공왕 때인 779년 4월에 갑자기 회오리바
람이 김유신의 무덤에서 일어났다. 그 가운데 한 사람
이 준마를 탔는데 그 생김새가 장군과 같았다. 또 갑
옷을 입고 무기를 든 40명 가량의 군사가 그 뒤를 따라 죽현릉으로 들어갔다. 이윽고 능 속에서 무엇인가 진동하고 우는 듯한 소리가 나고, 혹은 하소연하는 듯한 소리도 들려왔다.

"신은 평생 동안 어려운 시국을 타계하고 삼국을 통일한 공이 있었습니다. 이제 혼백이 되어서도 나라를 보호하여 재앙을 제거하고 환난을 구제하는 마음은 잠시도 변함이 없습니다. 하온데 지난 경술년에 신의 자손이 아무런 죄도 없이 죽임을 당하였으니, 이것은 임금이나 신하들이 저의 공적을 생각지 않기 때문입니다. 신은 차라리 먼 곳으로 옮겨가서 다시는 나라를 위해서 힘쓰지 않을까 합니다. 바라옵건대 왕께서는 허락해 주십시오."

이에 왕은 대답했다.

"과인과 공이 이 나라를 지키지 않는다면 저 백성들은 어떻게 할 것인가. 공은 전과 같이 힘쓰도록 하오."

세 번이나 청해도 세 번 허락하지 않았다. 이에 회오리바람은 돌아가고 말았다.

혜공왕은 이 소식을 듣고 두려워하여 곧 대신 김경신을 보내서 김유신의 능에 가서 잘못을 사과하게 하였다. 또 김유신의 공덕을 보답하기 위해 전답 30결을 취선사에 하사하여 김유신의 명복을 빌게 했다. 이 절은 김유신이 평양을 토벌한 뒤에 그의 복을 빌기 위하여 세웠던 절이기 때문이다.

당시 미추왕이 아니었던들 김유신 장군의 노여움을 막지는 못했을 것이다. 그러니 미추왕의 혼령이 나라를 수호한 힘은 크다고 할 수 있다. 그런 때문에 나라 사람들이 그 덕을 생각하여 *삼산三山과 함께 제사지내어 조금도 소홀히 하지 않으며, 그 서열을 오릉의 위에 두어 대묘大廟라 불렀다.

삼산三山
신라에서 호국의 신령이 산다는 세 곳의 산. 경주 내림산, 영천의 골화산, 청도의 혈례산으로 이곳에서 큰 제사를 지냈다.

진평왕
하늘에서 신비로운 옥대를 하사받다

　제26대 백정왕의 시호는 진평왕, 성씨는 김이다. 579년 8월에 즉위했는데 신장이 11척이나 되었다. 왕이 내제석궁(천주사)에 거동하여 섬돌을 밟자 돌 세 개가 한꺼번에 부서졌다. 왕이 좌우 사람을 돌아보면서 말했다.

　"이 돌을 옮기지 말고 그대로 두었다가 후세 사람들이 보도록 하라."

　이것이 바로 성 안에 있는 다섯 개의 움직이지 않는 돌 중의 하나다. 왕이 즉위한 원년, 천사가 대궐 뜰에 내려와 왕에게 말했다.

　"상제의 명으로 이 옥대를 전합니다."

진평왕릉

　왕이 꿇어앉아 친히 이것을 받으니 천사는 곧 하늘
로 올라갔다. 하늘과 조상에 큰 제사를 지낼 때에는
언제나 이것을 허리에 매었다.
　그 후에 고구려왕이 신라를 치려고 하며 말했다.
　"신라에는 세 가지 보물이 있어서 침범하지 못한다
고 하니 그게 무엇 무엇이냐."
　좌우의 신하가 대답했다.
　"첫째는 황룡사의 장육존상이요, 둘째는 그 절에
있는 구층탑이요, 셋째는 진평왕 때에 하늘에서 내린
옥대입니다."

이 말을 듣고 고구려왕은 신라를 공격할 계획을 중지했다.

이를 찬송하나니,

구름 밖에 하늘에서 내려준 긴 옥대는
임금의 곤룡포에 알맞게 둘러 있네.
우리 임금 이로부터 더욱 육중하시니
다음엔 쇠로 섬돌을 만들까보다.

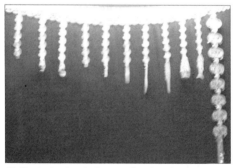

천마총 유물(요대장식) 황금으로 만든 이 요대는 오랜 보존력을 지녀 영생과 부귀함을 상징한다.

신라 제27대 덕만의 시호는 선덕여왕이고 성씨는 김이며 아버지는 진평왕이다. 632년에 즉위하여 나라를 다스린 지 16년 동안에 세 가지 일을 예견했다.

첫째는 당나라 태종이 붉은빛, 자줏빛, 흰빛의 세 가지 물감으로 그린 모란꽃과 그 씨 서 되를 보내왔다. 여왕은 그림의 꽃을 보더니 말했다.

"이 꽃은 반드시 향기가 없을 것이다."

그리고 씨를 뜰에 심도록 하니 과연 꽃이 피어 떨어질 때까지 향기가 없었다.

둘째는 영묘사 옥문지에 겨울인데도 개구리들이 많이 모여들어 3, 4일 동안 시끄럽게 울었다. 나라 사람들이 괴상히 여겨 여왕에게 아뢰었다. 그러자 여왕은

선덕여왕릉

서둘러 각간 알천과 필탄 등에게 명하여 정예병 2천 명을 뽑아서 속히 서쪽 교외에 있는 여근곡(경주 건천에 있는 계곡)을 찾아가면 반드시 적병이 있을 것이니

급습해서 모두 죽이라고 했다. 두 각간이 명을 받고 각각 군사 1천 명을 거느리고 서쪽 교외에 가보니 부산富山 아래 과연 여근곡이 있고 백제 군사 500명이 와서 매복

여근곡 경주시 건천읍 신평리 오봉산 자락에 소재

하고 있었으므로 모두 죽어버렸다. 또 '오소'란 백제의 장군이 남산 고개 바위 위에 매복하고 있었으므로 포위하고 활을 쏘아 죽였다. 그리고 후미에 뒤따라오던 군사 1천200명을 한 사람도 남기지 않고 모두 죽였다.

셋째는 왕이 건강할 때 여러 신하들에게 일렀다.

"과인은 아무 해 아무 날에 죽을 것이니 나를 *도리천 속에 장사지내도록 하라."

여러 신하들이 그게 어느 곳인지 알지 못해서 되물으니 왕이 말했다.

> **도리천**
> 불교에서 말하는 욕계육천欲界六天의 둘째 하늘을 의미한다. 불교의 우주관에서 세계의 중심으로 간주되는 수미산 정상에 있는 천궁을 지칭한다.

"낭산 남쪽이니라."

시간이 흘러 왕이 예언한 날이 되고, 과연 그날에 왕은 세상을 떠났다. 신하들은 왕의 유언에 따라 낭산 양지바른 곳에 장사지냈다. 10여 년 뒤 문무대왕이 왕의 무덤 아래에 사천왕사를 세웠는데 불경에 말하기를, '사천왕천 위에 도리천이 있다.'고 했으니, 그제야 여왕의 신령하고 성스러움을 알 수가 있었다.

왕이 세상을 떠나기 전에 여러 신하들이 왕에게 아뢰었다.

"어떻게 해서 모란꽃에 향기가 없고, 개구리 우는 것으로 변이 있다는 것을 아셨습니까?"

"꽃을 그렸는데 나비가 없으므로 그 향기가 없는 것을 알 수가 있었다. 이것은 당나라 임금이 나에게 배우자가 없는 것을 희롱한 것이다. 또 개구리가 성난 모양을 하는 것은 병사의 형상이요, 옥문이란 곧 여자의 음부이다. 여자는 음이며 백색을 의미하고, 백색은 서쪽을 의미하기 때문에 군사가 서쪽에 매복하고 있음을 알았다. 또 남근은 여근에 들어가면 사그라지는 법이니 잡기가 쉽다는 것을 알 수 있었다."

사천왕사 주춧돌 · 사천왕사 귀부 문무왕 당시 당나라의 침략을 막기 위해 세웠다는 전설을 지닌 사찰

첨성대

이에 여러 신하들은 모두 여왕의 성스럽고 슬기로움에 감복했다. 꽃을 세 빛으로 그려 보낸 것은, 신라에는 세 여왕이 있을 것을 알고 한 일이었던가. 세 여왕이란 선덕·진덕·진성이니 당나라 임금도 미리 짐작하여 아는 밝은 지혜가 있었던 것이다.

선덕여왕이 영묘사를 세운 일은 《양지사전良志師傳》에 자세히 실려 있다. 〈별기別記〉에 "이 임금 때에 돌을 다듬어서 첨성대를 쌓았다."고 했다.

진덕여왕 노래를 지어 당 황제의 마음을 뒤흔들어 놓다

제28대 진덕여왕은 왕위에 오르자 친히 〈태평가〉를 지어 비단에 그 가사를 수놓아 사신을 시켜서 당나라에 바치게 했다.

이를 본 당나라 황제는 크게 감동하여 진덕여왕을 칭찬하면서 계림국왕으로 고쳐 봉했다. 태평가의 가사는 이렇다.

위대한 당나라가 대업을 일으키니
드높은 황제의 업적은 눈부셔라.
갑옷 입고 중국을 평정하고
문치文治를 닦으니 전왕의 뒤를 이었네.

진덕여왕릉

하늘의 순리를 따르니 비가 골고루 내리고
만물을 다스리는 것이 모두 순조롭다네.
깊은 인자함은 해와 달에 견주고
태평성대는 요순임금에 버금가네.
깃발은 휘황찬란하고
징소리 북소리 웅장도 하여라.
오랑캐로서 황제의 명령 거역하는 자는
칼 앞에 자빠져 천벌을 받으리.
순박하고 후한 풍속은 널리 퍼져나가니
멀고 가까운 곳에서 다투어 상서로운 조공을 바치네.
사시의 기후는 화창하여 일월이 환히 비치고

오성의 광명은 만방에 두루 비치네.
산악의 정기는 보필할 재상을 낳고
황제는 충량忠良한 신하에게 일을 맡겼네.
*삼황오제의 덕이 하나로 합해지니
우리 이웃 당나라의 황제를 밝게 해주리라.

삼황오제
중국 고대 전설에 나오는 삼황
三皇과 오제五帝를 아울러 이르
는 말. 삼황오제에 관한 여러
가지 설이 있는데, 《풍속통의》
에서는 삼황을 수인·복희·신
농씨로, 《사기》에서는 오제를
황제·전욱·제곡·당요·우순
으로 기록해 놓았다.

무열왕
삼국을 통일하고 태평성대를 열다

　제29대 무열왕의 이름은 춘추이고, 성씨는 김이다.
용수 각간으로 추봉된 문흥대왕의 아들이다. 어머니
는 진평왕의 딸 천명부인이며 비는 문명황후 문희이
니 곧 김유신의 막냇누이였다.

　왕이 태자로 있을 때 고구려를 치고자 군사를 청하
려고 당나라에 간 일이 있었다. 이때 당나라 임금이
그의 풍채를 보고 칭찬하여 신성한 사람이라 하고 당
나라에 머물러 두고 시위侍衛로 삼으려 했지만 굳이
청해서 돌아오고 말았다.

　왕위에 오르고 얼마 되지 않아 어떤 사람이 돼지를
바쳤는데 머리 하나에 몸뚱이는 둘이요, 발은 여덟이

태종무열왕릉 능의 곁에 무열왕 비석이 남아 있어 역대 신라 왕릉 중 피장자가 명확한 유일한 능

었다. 의론하는 자가 이것을 보고 말했다.

"이것은 반드시 천지 사방을 통일할 상서로운 징조입니다."

이 왕대에 비로소 중국의 의관과 상아홀(신하가 임금을 뵐 때 조복을 갖추어 손에 쥐는 상아로 만든 명패)을 쓰게 되었는데 이것은 자장 법사가 당나라 황제에게 청해서 가져온 것이었다. 왕은 유신과 함께 신비스러운 꾀와 힘을 다해서 삼한을 통일하여 나라에 큰 공을 세웠다. 그런 때문에 묘호를 태종이라고 했다.

《신라고전新羅古傳》에는 이런 기록이 남아 있다.

"소정방이 이미 고구려 · 백제 두 나라를 토벌하고 또 신라마저 치려고 머물러 있었다. 이때 유신이 그 뜻을 알아채고 당나라 군사를 초대하여 독약을 먹여 죽이고는 모두 쓸어 묻었다. 지금 상주 땅에 당교唐橋가 있는데 이것이 그들을 묻은 곳이다."

당나라 군사가 백제를 평정하고 돌아간 뒤에 신라 왕은 여러 장수들에게 명하여 백제의 남은 적들을 쫓아 잡게 하고 한산성에 주둔하니 고구려 · 말갈 군사들이 와서 포위하여 서로 전투를 벌였으나 끝이 나지 않았다. 5월 11일에 시작해서 6월 22일에 이르자 신라 군은 몹시 위태로운 처지에 빠졌다. 이 소식을 들은 왕은 여러 신하들에게 의논했지만 마땅한 해결책을 찾지 못했다. 이때 김유신이 달려와서 아뢰었다.

"사태가 급박하여 사람의 힘으로 어찌할 수 없습니다. 오직 신통한 술법을 써야 수습할 수 있을 것 같습니다."

그리고 성부산에 단을 모으고 신통한 술법을 쓰자 갑자기 큰 항아리만한 빛이 단 위에서 나와 별처럼 날아서 북쪽으로 갔다.

이때 한산성 안의 신라군은 구원병이 오지 않는다고 서로 쳐다보고 울고만 있었는데, 적들이 급박하게 공격하려 하자 갑자기 광채가 남쪽 하늘 끝에서 오더니 벼락이 되어 적의 포석 30여 곳을 쳐부수었다. 적군의 활과 화살과 창이 모두 부서지고 군사들이 모두 땅에 쓰러졌다가 얼마 후에 비로소 깨어나 모두 흩어져 도망갔다. 이에 신라군은 무사히 돌아올 수 있었다.

나라를 다스린 지 8년 만인 661년에 세상을 떠나니 나이 59세였다. *애공사 동쪽에 장사지내고 비석을 세웠다.

ⵥⵥⵥⵥⵥⵥⵥ
애공사哀公寺
경주 남산 효현리에 있던 절. 지금은 삼층 석탑만이 남아 있다.

애공사지 삼층석탑 전형적인 통일신라 시대의 석탑으로 보물 제67호로 지정

왕은 하루에 쌀 서 말의 밥과 꿩 아홉 마리를 먹었다. 그러나 660년에 백제를 멸한 뒤로는 점심을 먹지 않고 다만 아침과 저녁만 먹었다. 그래도 하루에 쌀 여섯 말, 술 여섯 말, 꿩 열 마리를 먹었다. 성 안의 물건 값은 포목 한 필에 벼가 서른 섬 혹은 쉰 섬이어서 백성들은 태평성대라고 불렀다.

문무왕
당군을 몰아내고 동해의 용이 되다

661년에 즉위한 문무왕은 7년 후에 군사를 거느리고 김인문·김흠순 등과 함께 평양에 이르러 당나라 군사와 합세하여 고구려를 멸망시켰다. 당나라 장수 이적은 고구려의 보장왕을 잡아 당나라로 돌아갔다. 이때 당나라의 유격병과 여러 장병들이 그대로 머물러 있으면서 장차 신라를 공격하려 했으므로 왕이 알고 군사를 내어 먼저 공격했다. 다음 해에 당나라 고종이 김인문 등을 불러들여 꾸짖었다.

"너희가 우리 군사를 청해 고구려를 멸망시키고 나서 이제 우리를 침해하는 것은 무슨 까닭이냐?"

그리고 곧 김인문 등을 옥에 가두고 군사 50만 명

을 훈련하여 설방으로 장수를 삼아 신라를 침공하려고 했다. 이때 의상 법사가 유학하러 당나라에 갔다가 인문을 찾아보자 인문이 그 사실을 말했다. 이에 의상이 돌아와서 왕께 아뢰니 왕은 몹시 두려워하여 여러 신하들을 모아 놓고 대책을 강구했다. 이때 각간 김천존이 말했다.

"요즘 명랑 법사가 용궁에 들어가서 대단한 비법을 배워왔다고 하니 그를 불러 대책을 물어보십시오."

이에 명랑을 불러 대책을 물으니 명랑이 말했다.

"낭산 남쪽에 신유림이 있으니 거기에 사천왕사를 세우고 도량을 열면 좋겠습니다."

낭산 마애삼불 이 석불의 특이점은 본존 좌우에 신장상이 사천왕상과 유사하다는 점이다.

그때 정주에서 사람이 달려와 보고했다.

"수많은 당나라 군사가 우리 국경에 찾아와 바다 위를 돌고 있습니다."

왕은 명랑을 불러 물었다.

"일이 이미 급하게 되었으니 어찌하면 좋겠는가."

"여러 채색의 비단으로 임시로 절을 만들면 해결될 것입니다."

이에 채색 비단으로 임시로 절을 만들고 풀로 다섯 방위마다 신상神像을 만들었다. 그리고 유가종의 승려 12명으로 하여금 명랑을 우두머리로 하여 *문두루文豆婁의 비밀스런 주문법을 쓰게 했다. 그때 당나라 군사와 신라 군사는 아직 교전하기 전인데, 바람과 물결이 사납게 일어나서 당나라 군사는 모두 물속에 침몰되었다. 그 후에 절을 고쳐 짓고 사천왕사라 하여 지금까지 그 도량이 없어지지 않았다.

> **문두루文豆婁**
> 불교 교파 중 밀교 계통의 신인종神印宗. 명랑 대사가 개창한 종파로 진언종에 딸린 종파라고 할 수 있다. 근본 도량은 금산사이며, 고려 중엽 이후의 7종 12파에 포함되었다. 뒤에 중도종과 합하여 중신종으로 되었다.

그 후, 671년에 당나라는 다시 조헌을 장수로 하여 5만 명의 군사를 거느리고 쳐들어왔으므로 또 그전의 비법을 썼더니 배는 전과 같이 침몰되었다. 이때 한림

랑 박문준은 김인문을 따라 옥중에 있었는데 고종이
박문준을 불러서 물었다.

"당신 나라에는 무슨 비법이 있기에 두 번이나 대
병大兵을 내었는데도 한 명도 살아서 돌아오지 못하
느냐?"

박문준이 대답했다.

"저희들은 당나라에 온 지 이미 10여 년이 되었으
므로 본국의 일은 알지 못합니다. 다만 멀리서 한 가
지 소문을 들었을 뿐입니다. 저희 나라가 당나라의 도
움으로 삼국을 통일하였기에 그 은덕을 갚으려고 낭
산 남쪽에 새로 천왕사를 짓고 황제의 만수무강을 빌
면서 불법을 강의하는 도량을 열었다는 것뿐입니다."

고종은 크게 기뻐하며 예부시랑 낙붕귀를 신라에
사신으로 보내어 그 절을 살펴보게 했다. 신라왕은 당
나라 사신이 온다는 것을 미리 알고 이 절을 사신에게
보여서는 안 될 것이라고 하여 그 남쪽에 따로 새 절
을 지어놓고 기다렸다. 사신이 와서 말했다.

"먼저 황제의 장수를 비는 천왕사에 가서 향을 피
우겠습니다."

이에 새 절로 그를 안내하자 그 사신은 절 문 앞에 서서 말했다.

"이것은 사천왕사가 아니라 덕요산을 바라보는 절이군요."

그리고는 끝내 들어가지 않았다. 이에 나라 사람들이 그에게 금 1천 냥을 주었더니 본국에 돌아가서 이렇게 보고했다.

"신라에서는 천왕사를 지어 놓고 황제의 장수를 축원할 뿐이었습니다."

이때 당나라 사신의 말에 의해 그 절을 망덕사望德寺라고 했다. 얼마 후 문무왕은 박문준이 말을 잘해서 황제도 그를 사면할 의사가 있다는 소식을 들었다. 이에 강수強首에게 명하여 김인

망덕사 옛터 - 멀리 당간지주가 보인다.

망덕사 당간지주

문의 석방을 청하는 글을 지어 원우遠禹를 시켜 당나라에 아뢰게 했다. 그 글을 본 황제는 눈물을 흘리면서 김인문을 풀어주고 위로해 돌려보냈다.

김인문이 당나라 옥중에 있을 때 신라 사람은 그를 위하여 절을 지어 인용사라 하고 관음도량을 세웠는데, 인문이 돌아오다가 바다 위에서 죽었다. 이 때문에 미타도량으로 고쳤다.

대왕이 나라를 다스린 지 21년 만인 681년에 세상을 떠나니 유언대로 동해 가운데의 큰 바위 위에 장사지냈다. 왕은 평상시에 항상 지의 법사에게 말했다.

대왕암 문무왕릉은 동해 위의 천연 바위를 이용하여 만든 수중릉으로, 신라인들의 창의적인 발상과 애국애민 정신을 엿볼 수 있는 곳.

"나는 죽은 뒤에 나라를 지키는 용이 되어 불법을 우러러 받들어 나라를 수호하려 하오."

"용은 짐승의 응보인데 어찌 용이 되신단 말입니까?"

"나는 세상의 부귀영화를 싫어한 지가 오래되오. 만일 추한 응보로 내가 짐승이 된다면 이 또한 내 뜻에 맞는 것이오."

신문왕 천하를 평안케 하는 신통한 피리 만파식적을 얻다

   제31대 신문왕의 이름은 정명이고, 성씨는 김이다. 681년 7월 7일에 왕위에 올랐다. 아버지 문무왕을 위하여 동해가에 감은사를 세웠다. 다음 해 5월 초하루에 해관 파진찬 박숙청이 아뢰었다.

   "동해 속에 있는 작은 산 하나가 물에 떠서 감은사를 향해 오는데 물결에 따라 왔다 갔다 합니다."

   왕이 이상히 여겨 일관에게 명하여 점을 치게 했다.

   "돌아가신 선왕께서 지금 바다의 용이 되어 삼한을 지키고 계십니다. 또 김유신공도 삼십삼천의 한 아들로서 지금 인간 세계에 내려와 대신이 되었습니다. 이 두 성인이 덕을 함께하여 이 성을 지킬 보물을 주시려

고 하십니다. 만일 폐하
께서 바닷가로 나가시면
반드시 값으로 매길 수
없는 큰 보물을 얻으실
것입니다."

왕은 기뻐하여 그달 7
일에 이견대로 나가 그
산을 바라보고 사람을 보
내어 살펴보도록 했다.
산세는 마치 거북의 머리
처럼 생겼는데 그 산 위
에 한 개의 대나무가 있
어 낮에는 둘이었다가 밤
에는 합해서 하나가 되었

감은사 터와 탑

이견대

다. 사자使者가 와서 사실대로 아뢰었다.

왕은 감은사에서 묵었는데 이튿날 점심 때 보니 과
연 대나무가 합쳐져서 하나가 되자, 갑자기 천지가 진
동하고 비바람이 몰아치며 7일 동안이나 어두웠다.
그러다가 그달 16일이 되어서야 바람이 자고 파도가

신문왕릉

잠잠해졌다. 이에 왕이 배를 타고 바다로 나가 그 산으로 올라가니 용 한 마리가 나타나 왕에게 검은 옥대를 받들어 바쳤다. 신문왕은 반갑게 용을 맞아 함께 앉아서 물었다.

"이 산이 대나무와 함께 혹은 갈라지고 혹은 합쳐지는 것은 무슨 까닭이오?"

용이 대답했다.

"비유컨대 한 손으로 치면 소리가 나지 않고 두 손으로 치면 소리가 나는 것과 같습니다. 이 대나무는 합쳐져야 소리가 나는 것이니, 성왕께서 소리로 천하를 다스리실 징조입니다. 왕께서 이 대나무를 가지고 피리를 만들어 부시면 온 천하가 화평해질 것입니다. 지금 대왕의 아버님께서는 큰 용이 되셨고, 유신공은 다시 천신이 되어 두 성인이 마음을 같이하여 이렇듯 값으로 매길 수 없는 큰 보물을 저로 하여금 바치게 한 것입니다."

신문왕은 대단히 놀라고 기뻐하며 오색 비단과 금, 옥으로 제사를 지냈다. 그리고 사자를 시켜 대나무를 베어 바다에서 나왔다. 그러자 산과 용은 갑자기 사라졌다.

왕이 감은사에서 묵고 이튿날인 17일에 기림사 서쪽 시냇가에 이르러 수레를 멈추고 점심을 먹었다. 태자 이공(뒤에 효소왕)이 대궐을 지키고 있다가 이 소식을 듣고 말을 타고 달려와서 하례를 드리고 옥대를 천천히 살펴보고 아뢰었다.

"이 옥대에 달린 장식들은 모두 진짜 용입니다."

"네가 어찌 그것을 아느냐?"

"장식 하나를 떼어 물에 넣어보십시오."

이에 옥대의 왼편 두 번째 장식을 떼어서 시냇물에 넣으니 바로 용이 되어 하늘로 올라가고, 그 땅은 이내 못이 되었으니 그 못을 용연이라고 불렀다. 왕이 대궐로 돌아와서 그 대나무로 피리를 만들어 월성의 천존고(왕실 창고)에 간직해 두었는데, 이 피리를 불면 적병이 물러가고 질병이 나으며, 가뭄에는 비가 오고 장마가 지면 날이 개며, 바람이 멎고 물결이 가라앉았다. 이 피리를 만파식적萬波息笛이라 부르고 국보로 삼았다.

효소왕 때 이르러 계사년(693)에 적국의 포로로 끌려갔던 부례랑이 살아서 돌아온 기적이 일어나자 다시 이름을 고쳐 만만파파식적萬萬波波息笛이라 했다.

원성왕 훔쳐간 호국용을 돌려받다

원성왕의 이름은 김경신인데 먼저 상재가 된 이찬 김주원의 그 다음 자리인 각간으로 있었다. 얼마 후, 선덕왕이 세상을 떠나자 나라 사람들은 김주원을 왕으

강릉 김주원 무덤

로 삼아 장차 궁으로 맞아들이려 했다. 그런데 김주원의 집 앞에 있는 북쪽 냇물이 갑자기 불어서 도저히 건너갈 수가 없었다. 이에 경신이 먼저 궁에 들어가 왕위에 오르자 대신들이 모두 와서 새 임금에게 축하를 드리니 이가 원성왕이다.

원성왕에게는 손자가 다섯 있었으니, 혜충태자 · 헌

경주 괘릉(원성왕릉) 신라 왕릉 중에서 유일하게 문인석과 무인석,
사자상 등을 배열하여 가장 완벽하게 만들어진 능으로 알려진다.

평태자 · 예영잡간 · 대룡부인 · 소룡부인 등이다. 대
왕은 인생의 곤궁하고 영화로운 이치를 깨달았기 때
문에 일찍이 〈신공사뇌가身空詞腦歌〉란 노래를 지을
수가 있었다. 왕의 아버지 대각간 효양은 조상이 남긴
만파식적을 잘 간직하여 왕에게 전했다. 왕이 만파식
적을 얻게 되자 하늘의 은혜를 두텁게 입고 그 덕이
멀리까지 빛났다.

786년 10월 11일에 일본의 왕 문경이 군사를 일으
켜 신라를 치려다가 신라에 만파식적이 있다는 말을

듣고 군사를 되돌렸다. 그리고 금 50냥을 사신에게 주어 보내서 피리를 보여 달라고 청하므로 왕이 사자에게 일렀다.

"과인은 만파식적이 진평왕 때에 있었다고 들었는데, 지금은 어디에 있는지 알 수가 없다."

다음 해 7월 7일, 일본 왕은 다시 사신으로 하여금 금 1천 냥을 가지고 와서 다음과 같이 요청했다.

"제가 그 신비로운 만파식적을 보기만 하고 그대로 돌려드리겠습니다."

왕은 먼저와 같은 대답으로 이를 거절했다. 그리고 일본 사신이 가지고 온 금은 돌려주고, 은 3천 냥을 주었다. 그해 8월에 일본 사신이 돌아가자 만파식적을 내황전內黃殿에 간수해 두었다.

왕이 즉위한 지 11년(795)에 당나라 사신이 서울에 와서 한 달을 머물러 있다가 돌아갔는데, 하루 뒤에 두 여자가 궁 안에 들어와서 아뢰었다.

"저희들은 동지와 청지(동천사의 샘)에 있는 두 용의 아내입니다. 그런데 당나라 사신이 하서국 사람 둘을 데리고 와서 우리 남편들과 분황사 우물에 있는 용까

분황사 우물

지 모두 세 용을 작은 고기로 변하게 만들어서 통 속에 넣어 가지고 돌아갔습니다. 원컨대 폐하께서는 그 두 사람에게 명령하여 나라를 지키는 용인 우리 남편들을 구해주십시오."

왕은 하양관(지금의 영천 부근)까지 쫓아가서 친히 연회를 열고 하서국(지금의 중국 감숙성 서화지 일대에 있던 소국으로 추정) 사람들에게 명령했다.

"너희들은 어찌해서 우리나라의 세 용을 잡아서 돌아가려 하는가? 만일 이실직고하지 않으면 사형에 처할지어다."

그제야 하서국 사람들이 고기 세 마리를 내어 바치므로 원래 있던 곳에 놓아주자, 각각 물속에서 한 길이나 뛰고 기뻐했다. 이에 당나라 사람들은 왕의 탁월한 식견에 감복했다.

경문왕
뱀과 동침하는 당나귀 귀의 임금님

경문왕에 관해서는 신기한 이야기가 많은데 이런 일도 있었다. 일찍이 왕의 침전에는 밤마다 수많은 뱀들이 모여들었다. 궁인들이 놀라고 두려워하여 이를 쫓아내려 했지만 왕은 말했다.

"과인은 뱀이 없으면 편히 잘 수 없으니 쫓지 말라."

그리하여 왕이 잘 때에는 언제나 뱀이 혀를 내밀어 온 가슴을 덮었다. 또 다른 이야기는 너무나 유명한 당나귀 귀에 관한 이야기이다.

경문왕이 왕위에 오르자 왕의 귀가 갑자기 길어져서 나귀의 귀처럼 되었다. 왕후와 궁인들은 모두 이를 알지 못했지만 오직 왕의 관을 만드는 장인 한 사람만은 이 사실을 알고 있었다. 그러나 그는 평생 이 사실을 말하지 않았는데, 죽을 때가 되어서 참지 못하고 경주 구황리에 있는 도림사 대나무 숲속 아무도 없는 곳으로 들어가서 대나무 숲을 보고 이렇게 외쳤다.

"우리 임금님 귀는 당나귀 귀이다!"

그 후로 대나무 숲속에 바람이 불면 이와 똑같은 소리가 났다. 왕은 이 소리가 듣기 싫어서 대나무를 베어버리고 그 대신 산수유나무를 심었다. 그 후로 바람이 불면 '우리 임금의 귀는 길다!' 라는 소리가 났다.

그리고 또 국선 요원랑·예흔랑·계원·숙종랑 등이 금란(지금의 강원도 통천 지방)을 유람하는데 장차 임금을 위해서 나라를 잘 다스리려는 뜻이 있었다. 이에 노래 세 수를 짓고 다시 사지 심필을 시켜서 노래를 적은 책을 대구 화상(진성여왕 때 위홍과 함께 향가를 수집하여 《삼대목》이란 향가집을 엮었다.)에게 보내어 노래 세 수를 짓게 했다. 그 첫째는 〈현금포곡玄琴抱曲〉이요, 둘째는 〈대도곡大道曲〉이요, 셋째는 〈문군곡問群曲〉이었다. 궁궐에 들어가 왕께 아뢰니 왕은 기뻐하여 칭찬하고 상을 주었다. 그러나 노래의 가사는 알 수가 없다.

경순왕 나라를 고려에게 바치다

제56대 김부왕金傅王의 시호는 경순敬順이다. 927년 9월에 후백제 견훤이 신라를 침범해서 고울부高鬱府(지금의 영천)에 이르니, 경애왕景哀王은 고려 태조에게 구원을 청하였다. 태조는 장수에게 명령하여 강한 군사 1만 명을 거느리고 구원하게 했으나 미처 도착하기 전인 그해 11월에 견훤의 부대가 신라 서울로 쳐들어왔다.

이때 왕은 비빈과 종친, 외척들과 포석정에서 연회를 열고 즐겁게 놀다가 적병이 오는 것도 알지 못하고 창졸간에 변을 당했다. 왕과 비는 후원으로 달아나고 종친과 외척 및 공경대부와 아녀자들은 사방으로 흩어져 달아나다가 적에게 사로잡혔으며, 귀천을 가릴

포석정　　　　　　　　포석정지(복원도)

것 없이 모두 땅에 엎드려 노비가 되기를 애걸했다.

　견훤은 군사를 놓아 사방의 재물을 약탈하고 왕궁에 들어가서 거처했다. 또한 수하들을 풀어 경애왕을 찾게 하니 왕은 비첩 몇 사람과 후궁에 숨어 있었다가 잡혀 왔다. 견훤은 왕을 강제로 자결하게 만들고 그 왕비를 욕보였다. 그리고 부하들을 놓아 왕의 빈첩들을 모두 욕보였다.

　그러고는 경애왕의 친척 아우인 김부金傅를 세워 왕으로 삼으니, 경순왕은 견훤이 세운 셈이 되었다. 경순왕이 왕위에 오르자 경애왕의 시체를 서당에 안치하고 여러 신하들과 함께 통곡했다. 이때 고려 태조도 사신을 보내서 조문했다.

다음 해 봄 3월에 고려 태조는 50여 명의 기병을 친히 거느리고 서라벌에 이르니 경순왕은 백관과 함께 교외에서 맞아 대궐로 들어갔다. 서로 대하여 정리와 예의를 다하고 임해전 臨海殿에서 잔치를 열었다. 술이 취하자 경순왕이 말했다.

임해전 신선이 산다는 봉래산을 본떠서 만든 신라의 궁궐

임해전 연못

"과인이 하늘의 도움을 받지 못해서 화란을 불러일으켰고, 견훤으로 하여금 불의한 짓을 하게 해 나라를 망쳐놓았습니다. 이 얼마나 원통한 일입니까."

그리고 곧 눈물을 흘리면서 우니 좌우 신하들이 울지 않는 사람이 없었고 고려 태조 역시 눈물을 흘렸다. 고려 태조는 그곳에서 수십 일을 머물다가 돌아갔는데 부하 군사들은 엄숙하고 정제해서 조금도 신라 백성을 침범하지 않으니 서라벌의 백성들이 서로 칭송했다.

"전에 후백제의 견훤이 왔을 때는 마치 늑대와 범을 만난 것 같더니 지금 고려 왕건이 온 것은 부모를 만난 것 같다."

고려 태조 왕건

8월에 고려 태조는 사신을 보내서 경순왕에게 비단 적삼과 안장 없는 말을 주고 또 여러 관료와 군인들에게 차등을 두어 예물을 주었다.

935년 10월에 나라의 땅이 점차 남의 소유가 되고 나라는 약하고 형세가 외로우니 스스로 지탱할 수가 없었다. 이에 경순왕은 여러 신하들과 함께 고려 태조에게 항복할 것을 의논했다. 여러 신하들의 찬반 논의가 끝나지 않자 왕태자가 분연히 말했다.

"나라의 존망은 반드시 하늘의 명에 달려 있으니, 마땅히 충신·의사들과 함께 민심을 수습해서 힘이 다한 뒤에야 그만둘 일이지 어찌 1천 년의 사직을 경솔하게 남에게 내주겠습니까?"

왕이 대답했다.

"고립되고 위태롭기가 그지없어 형세는 온전히 보전될 수 없다. 이미 약해져서 더 이상 강해질 수도 없으니, 죄 없는 백성들로 하여금 전쟁터에서 죽게 하는 것을 과인은 차마 할 수 없구나!"

이에 시랑 김봉휴를 시켜서 국서를 가지고 태조에게 가서 항복하기를 청했다. 그러자 마의태자는 울면서 왕에게 하직하고 바로 개골산皆骨山(금강산)으로 들어가서 삼베옷을 입고 풀을 먹으면서 일생을 마쳤다. 막내아들은 머리를 깎고 화엄종에 들어가 중이 되어 승명을 범공이라 했고, 뒤에 법수사와 해인사에 머물렀다고 한다.

고려 태조는 신라의 국서를 받자 태상 왕철을 보내서 맞이하게 했다. 경순왕은 여러 신하들을 거느리고 고려 태조에게 귀순하니, 좋은 수레와 말의 행렬이 30

여 리에 뻗치고 길은 사람으로 꽉 찼으며 구경꾼들이
담과 같이 늘어섰다. 고려 태조는 교외에 나가서 직접
영접하여 위로하고 대궐 동쪽의 한 구역(지금의 정승
원)을 주고, 장녀 낙랑공주를 그의 아내로 삼도록 하
였다.

　후에 경순왕이 자기 나라를 버리고 타국에 와서 살
았다 해서 자기를 난조鸞鳥에 비유하여 공주의 칭호
를 신란공주神鸞公主라고 고쳤으며, 시호를 효목孝穆
이라 했다. 고려 태조가 경순왕을 정승에 봉하니 지위
는 태자보다 위이며 녹봉 1천 석을 주었다. 시종과 관
원, 장수들도 모두 직접 채용해서 쓰도록 했고, 신라
를 고쳐 경주慶州라 하여 이를 경순왕의 식읍으로 삼
도록 했다. 978년에 왕이 세상을 떠나자 시호를 경순
敬順이라 했다.

의자왕 충신을 배척해 나라가 망하다

백제 마지막 왕 의자義慈는 곧 호왕(무왕)의 장남이다. 천성적으로 용맹하고 담력이 있었으며, 부모를 효성스럽게 섬기고 형제간에 우애가 있어 당시 사람들은 그를 해동증자라고 칭송했다.

그러나 641년에 왕위에 오르자 주색에 빠져서 정사는 어지럽고 나라는 위태로웠다. 이에 좌평 성충이 간곡히 충언을 올렸지만 듣지 않고 도리어 옥에 가두니, 그는 여위고 지쳐서 거의 죽을 지경이 되었는데도 상소를 올렸다.

"충신은 죽어서도 임금을 잊지 않습니다. 원컨대 한 마디만 올리고 죽고 싶습니다. 신이 일찍이 시세를 살펴보니 반드시 병란이 일어날 것입니다. 대개 병사

삼충사 영정 – 흥수 · 성충 · 계백 백제의 마지막 수도 부여의 부소산성 내에 소재

를 쓸 적에는 그 지세를 잘 가려야 합니다. 반드시 상류에 진을 치고 적을 맞아 싸우면 나라를 보전할 수가 있을 것입니다. 또 만일 타국의 군사가 육로로 공격하면 탄현炭峴을 넘지 말게 하옵고, 수군은 기벌포伎伐浦에 들어오지 못하게 해야 합니다. 그리고 험한 곳에 의지하여 적을 막아야 할 것입니다."

그러나 왕은 그 말을 받아주지 않았다.

659년에 백제 오회사에 크고 붉은 말 한 마리가 나타나 여섯 시간이나 절을 돌아다녔다. 2월에는 여우 여러 마리가 의자왕의 궁중으로 들어왔는데 그 중 흰 여우 한 마리가 좌평의 책상 위에 올라앉았다. 4월에는 태자궁 안에서 암탉과 작은 참새가 교미했다. 5월에는 부여에 있는 사비수 언덕 위에 큰 물고기가 나와서 죽어 있었는데, 그 길이가 세 길이나 되었으며 이것을 먹은 사람은 모두 죽었다. 9월에는 궁중에 있는 홰나무가 마치 사람이 우는 것처럼 울었으며, 밤에는 귀신이 대궐 남쪽 길에서 울었다.

경신년(660) 봄 2월엔 서울의 우물물이 핏빛이 되었다. 서쪽 바닷가에 작은 물고기가 나와 죽었는데 이것을 백성들이 다 먹을 수가 없었다. 또 사비수의 물이 핏빛이 되었다. 4월에는 청개구리 수만 마리가 나무 위에 모였다. 6월에는 왕흥사의 승려들이 배가 큰 물결을 따라 절문으로 들어오는 광경을 보았다. 또 마치 들사슴처럼 큰 개가 사비수 언덕에 와서 대궐을 바라보고 짖더니 한참 만에 어디로 갔는지 알 수가 없었다. 성 안에 있는 여러 개들도 길 위에 모여들어 혹은 짖기도 하고 울기도 하다가 흩어졌다. 또 귀신 하나가 궁중으로 들어오더니 큰 소리로 부르짖었다.

"백제는 망한다, 백제는 망한다."

그리고 곧 땅속으로 사라졌다. 왕이 이상히 여겨 사람을 시켜 땅을 파게 하니 석 자 깊이에 거북 한 마리가 있는데 그 등에 이런 글이 씌어 있었다.

"백제는 보름달 같고, 신라는 초승달과 같네."

이 글 뜻을 무당에게 물으니 무당이 대답했다.

"보름달이라는 것은 가득 찬 것이니 차면 기우는 것입니다. 초승달은 차지 않은 것이니 점점 둥글게 된다는 뜻입니다."

그의 말을 듣고 노한 왕은 무당을 죽여버리니, 어떤 자가 아부하여 다시 해석했다.

"보름달은 성한 것이고 초승달은 미약한 것이니, 생각하건대 백제는 점점 성하고 신라는 점점 약해진다는 뜻이 아니겠습니까."

왕은 이 말을 듣고 기뻐했다.

신라의 태종은 백제에 괴상한 변고가 많다는 소식을 듣고, 660년에 김인문을 사신으로 당나라에 보내서 군사를 청했다. 당 고종은 좌호위장군 형국공 소정방蘇定方으로 신구도행군총관을 삼아 좌위장군 유백영과 좌호위장군 풍사귀, 좌효위장군 방효공 등을 거느리고 13만의 군사를 이끌고 백제를 공격하게 했다. 또 신라의 왕 김춘추를 우이도행군총관으로 삼아 신라 군사와 합세하도록 했다.

소정방이 군사를 이끌고 성산에서 바다를 건너 신라 서쪽 덕물도에 이르자 신라왕은 장군 김유신을 보내서 정예병 5만을 거느리고 전투에 임하게 했다. 의자왕은 이 소식을 듣고 여러 신하들을 모아 대책을 물으니 좌평 의직이 나와 직언했다.

"당나라 군사는 멀리 큰 바다를 건너왔고 또 수전에 익숙하지 못하며, 또 신라 군사는 큰 나라가 원조해 주는 것만 믿고 우리를 경시하는 마음이 있습니다. 만일 당나라 군사가 전투에서 이기지 못하는 것을 보면 반드시 두려워하여 감히 진격해 오지 못할 것입니다. 그러므로 우리는 먼저 당나라 군사와 결전하는 것이 좋을 것입니다."

그러나 달솔 상영 등은 반대했다.

"그렇지 않습니다. 당나라 군사는 먼 길을 왔기 때문에 속전속결을 원할 것이고, 그 예봉銳鋒(날카롭게 공격하는 기세)을 당할 수가 없을 것입니다. 한편 신라 군사는 여러 번 우리에게 패전했기 때문에 백제 군사의 기세를 바라만 보아도 두려워합니다. 그러니 지금은 마땅히 당나라 군사의 길을 차단하고 그 군사들이 피로해지기를 기다려야 합니다. 그리고 일부 군사로 신라를 쳐서 그 날카로운 기세를 꺾은 연후에 상황을 보면서 싸운다면 군사를 하나도 죽이지 않고서 나라를 보전할 것입니다."

왕은 누구의 말을 따를지 고민하면서 고마며지현(지금의 전남 장흥)에 귀양 보낸 좌평 흥수를 떠올리고 사람을 보내어 물어보았다.

"사태가 다급하니 어쩌면 좋겠소."

흥수가 말했다.

"소신의 의견은 좌평 성충의 말과 같습니다."

대신들은 흥수의 말을 반박하면서 말했다.

"흥수는 죄인의 몸으로 귀양 중에 있으므로 속으로 임금을 원망하고 나라를 사랑하지 않는 것이오니 그의 의견은 들을 것이 못 됩니다. 당나라 군사가 백강에 들어오면 그 전함을 나란히 내려오지 못하게 만들어야 합니다. 또한 신라군이 탄현에 들어오면 작은 길로 유도하여 군마가 나란히 들어오지 못하게 만들어야 할 것입니다. 그런 다음에 군사를 매복하여 급습한다면 이들은 마치 닭장에 든 닭과 그물에 걸린 물고기와 같은 신세가 될 것입니다."

이에 왕은 대신들의 말을 따랐다. 그리고 당나라 군사와 신라 군사가 이미 백강과 탄현을 지났다는 소식을 듣고는 계백 장군을 보내 5천여 명의 결사대를 거느리고 황산으로 나가 신라 군사와 싸우게 했다. 계백은 네 번 싸워 네 번 다 이겼지만 끝내는 역부족으로 패전하고 전사하고 말았다. 이에 당나라 군사와 신라 군사는 합세해서 도성 부근까지 진격하여 공격했다. 이를 본 의자왕은 자신이 죽음을 면치 못할 것을 알고 탄식했다.

계백 장군 동상

황산벌 추도시 계백 장군이 황산벌에서 진사한 것을 기념하여 유적지를 조성했는데, 계백 장군 묘와 백제사 박물관 등이다.

"내가 성충의 말을 듣지 않고 있다가 이 지경에 이르렀구나."

마침내 의자왕은 성문을 열고 항복을 청했다. 그리하여 의자왕과 태자 융, 왕자 태, 왕자 연 및 대신과 장사 88명과 백성 1만 2천807명이 당나라 장안으로 보내졌다. 백제에는 원래 5부 37군 200여 성 76만 호가 있었는데, 이때 당나라에서는 이곳에 웅진·마한·동명·금련·딕안 등 다섯 도독부를 두고 우두머리를 뽑아서 도독·자사를 삼아 다스리게 했다.

낭장 유인원에게 명하여 사비성을 지키게 하고, 또 좌위낭장 왕문도로 하여금 웅진도독을 삼아 백제에

남아 있는 백성들을 무마토록 했다. 당나라 임금은 백제의 포로들을 점잖게 꾸짖고 용서해 주었다. 의자왕이 당나

부여 부소산성 백제의 마지막 왕성으로 당시에는 사비성으로도 불렸고, 산성 내에 삼천 궁녀의 애환이 서려 있는 낙화암 등이 있다.

라에서 병으로 죽자 금자광록대부 위위경의 직책을
주어 그의 옛 신하들이 가서 조상하는 것을 허락했다.
또 명하여 *손호孫皓와 진

숙보陳叔寶의 무덤 옆에 장

사지내게 하고 모두 비를

세워주었다.

> 손호孫皓와 진숙보陳叔寶
> 모두 망국의 임금들이다. 손호
> 는 오나라의 마지막 왕이었고,
> 진숙보는 진陳나라의 후주였다.

《백제고기百濟古記》에는 이런 기록이 남아 있다.

"부여성 북쪽 모퉁이에 큰 바위가 있는데 아래로
강물을 내려다보고 있다. 옛날부터 전해 오는 말에 의
하면 의자왕의 여러 후궁들은 죽음을 면하지 못할 것

을 알고 서로 이르기를,
'차라리 자살해 죽을지언
정 남의 손에 죽지 않겠
다.' 하고 서로 이끌고 여
기에 와서 강에 몸을 던
져 죽었다." 했다. 때문에
이 바위를 타사암墮死岩
(낙화암)이라고 했다.

낙화암 백화정

고구려 보장왕
도교를 혹신하여 나라가 망하다

고구려 말기에 나라 사람들은 다투어 도교의 일종인 *오두미교五斗米教를 신봉했다. 당나라 고조가 이 말을 듣고 도사를 시켜 천존상을 보내고, 또 《도덕경》을

가르치게 하였다. 왕이 백성들과 함께 들으니 이때가 제27대 영류왕榮留王 즉위 7년(624)이었다. 다음 해, 고구려에서는 당나라에 사신을 보내서 불교와 도교를 배울 것을 청하자 당나라 황제는 이를 허락했다.

보장왕寶藏王이 즉위한 642년에 유·불·도의 삼교

를 모두 일으키려 했다. 이때 왕의
총애를 받던 재상 개소문蓋蘇文이
왕에게 아뢰었다.

"솥에는 세 발이 있고, 나라에는
세 가지 종교가 있는 법입니다. 신
이 보기에 이 나라 안에는 오직 유
교와 불교만 있고 도교가 없으므로
나라가 위태로운 것입니다."

연개소문 동상 고구
려의 명장으로 보장
왕 때에 요동으로 쳐
들어온 당 태종의
117만 대군을 안시
성에서 격파함.

왕은 옳게 여겨 당나라에 아뢰어
도교를 청하니 이에 태종이 서달 등
도사 8명을 보내주었다. 왕이 기뻐하여 사찰을 도관
道館으로 만들고 도사를 존경하여 유생 위에 앉게 했
다. 도사들은 국내의 이름난 산천을 돌아다니며 정기
를 어지럽혔다. 또한 평양성의 지세가 신월성(앞으로
도 발전할 수 있는 초승달)이어서 만월성(보름달) 모양
으로 성을 더 쌓아서 기를 막았다. 게다가 예언서를
지어 용언도 또는 천년보장도라고 했고, 고구려의 영
험한 돌을 파서 깨뜨리기도 했다.

연개소문은 또 왕에게 아뢰어 동북과 서남쪽에 천리장성을 쌓게 했다. 이때 남자들은 부역에 나가고 여자들이 농사를 지었는데, 그 역사는 16년 만에 끝이 났다. 보장왕 때에 이르러 당나라 태종이 친히 육군六軍을 거느리고 쳐들어왔으나 또 이기지 못하고 돌아갔다. 당나라 고종 때인 668년에 우상 유인궤, 대장군 이적과 신라 김인문 등이 고구려를 쳐서 나라를 멸망시켜 왕을 사로잡아 당나라로 돌아가니 보장왕의 서자 안승은 4천여 가구를 거느리고 신라에 항복했다.

고구려를 망하게 했다는 연개소문에 관한 일화 중 《고구려고기高句麗古記》에 이런 글이 남아 있다.

수나라 양제가 612년에 30만 명의 군사를 거느리고 바다를 건너 쳐들어왔으며, 614년 10월에 고구려 왕이 표문을 올려 거짓 항복을 청할 때 한 사람이 비밀리에 작은 강궁을 품속에 감추고, 표문을 가진 사신을 따라 양제가 탄 배 안에 들어갔다. 양제가 표문을 들고 읽는데 작은 강궁을 쏘아 양제의 가슴을 맞추었다. 양제가 좌우 사람들에게 말했다.

"내가 천하의 군주로 작은 나라를 친히 정벌하였으나 이기지 못했으니 만대의 웃음거리가 되었다."

이때 우상 양명이 아뢰었다.

"신이 죽으면 고구려의 대신이 되어 반드시 그 나라를 멸망시켜 제왕의 원수를 갚겠습니다."

양제가 죽은 뒤에 그는 과연 고구려의 연개소문으로 태어났다. 그의 나이 15세에 무예에 뛰어나고 용감하며 총명했다. 그때 무양왕武陽王이 그가 어질다는 말을 듣고 불러들여 신하로 삼았다. 그는 스스로 성을 개蓋라 하고 이름을 금金이라 했으며 지위가 소문에까지 이르니 바로 시중의 벼슬이다.

후백제 견훤
아들 때문에 비참한 최후를 맞다

　　견훤甄萱은 상주 가은현 사람으로 867년에 태어났다. 본래는 이씨였는데 뒤에 견甄으로 성씨를 고쳤다. 아버지 아자개는 농사를 지어 생활했는데, 광계 연간(885~887)에 지금의 상주 일대인 사불성에 웅거하여 스스로 장군이라 했다. 아들이 넷이 있어 모두 세상에 이름이 알려졌으며, 그 중에 견훤은 남보다 뛰어나고 지략이 많았다. 이는 《삼국사》 본전의 기록이며 《이제가기李磾家記》에서 이렇게 소개되어 있다.

　　진흥왕의 비, 사도의 시호는 백융부인이다. 그 셋째 아들 구륜공의 아들 파진간 선품의 아들 각간 작진이 왕교파리를 아내로 맞아 각간 원선을 낳으니 이가 바

견훤릉 후백제를 건국한 견훤의 묘로 논산 연무
대읍 소재

로 아자개이다. 아자개의 첫째부인은 상원부인이요, 둘째부인은 남원부인으로 아들 다섯과 딸 하나를 낳았으니 그 맏아들이 상보 훤이요, 둘째아들이 장군 능애요, 셋째아들이 장군 용개요, 넷째아들이 보개요, 다섯째아들이 장군 소개이며, 딸이 대주도금이다.

또《고기古記》에는 이런 기록이 남아 있다.

옛날에 부자 한 사람이 광주 북촌에 살고 있었는데 그 딸의 용모가 아주 단정했다. 어느 날 딸이 아버지께 말했다.

"밤마다 자줏빛 옷을 입은 남자가 침실에 와서 자고 갑니다."

궁금해진 아버지는 딸에게 일렀다.

"너는 긴 실을 바늘에 꿰어 그 남자의 옷에 꽂아두어라."

딸은 아버지가 시키는 대로 했다. 날이 밝아 그 실을 따라가 보니 북쪽 담 밑에 있는 큰 지렁이 허리에 꽂혀 있었다. 이로부터 태기가 있어 사내아이를 낳았는데 나이 15세가 되자 스스로 견훤이라 일컬었다.

견훤이 젖먹이일 때 아버지는 들에서 밭을 갈고 어머니는 아버지에게 새참을 가져다주려고 아이를 수풀 아래 놓아두었는데, 호랑이가 와서 젖을 먹이니 마을 사람들은 이 말을 듣고 모두 신기하게 생각했다.

아이가 장성하자 몸과 모양이 웅장하고 기이했으며 뜻이 커서 남에게 얽매이지 않고 비범했다. 군인이 되어 서울로 들어갔다가 서남의 해변으로 가서 변경을 지키는데 창을 베개 삼아 적군을 지켰다. 그의 기상은 항상 보통 병사에 앞섰으며 그 공로를 인정받아 군관이 되었다.

신라 진성여왕 재위 6년(892)에 왕의 총애를 받는 측근 신하가 국권을 농간하니 기강이 어지럽고 해이해졌다. 또 기근이 더해지니 백성들은 떠돌아다니고 도둑들이 벌떼처럼 일어났다. 이에 견훤은 남몰래 반역할 마음을 품고 무리를 모아 신라의 서남 주현州縣

금산사 대적광전

금산사 미륵전

금산사 산문

들을 공격하니 가는 곳마다 백성들이 호응하여 한 달
동안에 무리는 5천여 명이나 되었다.

드디어 무진주를 습격하여 스스로 왕이 되었으나
공공연하게 왕이라 일컫지는 못하고 신라서남도통

행전주자사 겸 어사중승상주국 한남국개국공이라 했
으니 이때가 889년, 혹은 892년의 일이라고도 한다.

이때 북원의 도둑 양길의 세력이 몹시 웅대하여 궁
예弓裔는 자진해서 그 부하가 되었다. 견훤이 이 소식
을 듣고 멀리 양길에게 직책을 주어 자신의 군관으로
삼았다. 견훤이 서쪽으로 순행하여 완산주에 이르니
백성들이 영접하면서 위로했다. 견훤은 민심을 얻은
것이 기뻐서 좌우 사람들에게 말했다.

"백제가 개국한 지 600여 년만에 당나라 고종은 신
라의 요청으로 소정방을 보내서 수군 13만 명이 바다
를 건너오고 신라의 김유신은 전 군사를 거느리고 황
산을 거쳐 당나라 군사와 합세하여 백제를 멸망시켰
다. 내 이제 도읍을 세워 옛날의 분함을 씻겠다."

드디어 892년에 이르러 왕이라 일컫고 완산군에 도
읍을 정했다. 나라를 다스린 지 43년이 지난 934년에
견훤의 세 아들 즉, 신검·용검·양검이 반역하고 신
검이 스스로 왕위에 올랐다. 936년에 고려 군사와 일
선군에서 싸워서 패하니 후백제는 멸망했다.

견훤이 고려에 망명하기 직전에 신검은 견훤을 금산사 불당에 유폐시키고, 파달 등 30명의 장사를 시켜서 지키게 하니 당시 이런 동요가 퍼졌다.

　가엾은 완산完山 아이
　아비를 잃어 울고 있네.

신라 왕명의 변천

신라왕은 박혁거세·석탈해·김알지 신화를 통해서 살펴볼 수 있듯이, 박·석·김씨 계통의 왕들이 매우 복잡 다양하게 번갈아가면서 계승되어 왔다. 초기에 왕의 호칭은 '거서간' 혹은 '거슬감'으로 불렸다. 박혁거세의 경우 '큰박 같은 알에서 나왔다.'고 하여 성은 '박朴'이고, 알이 빛났다고 해서 빛날 '혁赫'자를 붙인 것이며, 거서간에서 거세를 합친 말이라고 한다. 곧 '신령스러운 제사장·군주·대인·귀인'이란 뜻이다. 또 빛나는 알은 곧 태양을 상징하기도 하여 '거서간'이라는 설이 있다. 남해왕 때에 이르러 차차웅으로 불리웠는데, 그 뜻은 '무巫'의 의미로 제정일치 사회의 군주와 제사장을 결합한 말로 추정하고 있다.

유리왕 때 사용한 '이사금'은 나이가 연장인 사람과 '잇다.'를 의미하는 '계繼'의 뜻이 담겨져 있는데, 곧 연장자나 전왕을 계승하는 자손이 선거 혹은 세습에 의하여 군주의 자리를 물려받은 왕이란 뜻이다.

내물왕 때부터 '마립간'이란 칭호를 사용하였는데, '마립'은 우두머리를 뜻하고 '간'은 으뜸인 부족장이란 정치적인 의미가 있다.

이러한 왕명의 변천은 박·석·김씨 왕과 그 부족이 화백회의에서 선거제적 군주를 추대하였다는 것을 의미하고, 내물왕 이후 김씨가 왕위 세습의 주도권을 차지하면서 왕권이 강화되는 중앙집권적 발전을 했고, 결국 지증왕 대에 이르러 정식으로 왕의 명칭을 사용하고 혈족상속제가 정착되었던 것이다.

신라의 관등과 골품제

1관등 - 이벌찬 혹은 이벌간, 우벌찬, 각간, 서발한, 서불한.
2관등 - 이찬 혹은 이척찬.
3관등 - 잡찬 혹은 잡판, 소판.
4관등 - 파진찬, 해간, 파미간.
5관등 - 대아찬.
6관등 - 아찬 혹은 아척간, 아간.
7관등 - 일길찬, 혹은 을길간.
8관등 - 사찬, 혹은 살찬, 사돌간.
9관등 - 금벌찬, 혹은 급찬, 급복간, 급간.
10관등 - 대나마, 혹은 대나말.
11관등 - 나마, 혹은 나말.
12관등 - 대사, 혹은 한사.
13관등 - 사지, 혹은 소사.
14관등 - 길사, 혹은 계지, 길차.
15관등 - 대오, 혹은 대오지.
16관등 - 소오, 혹은 소오지.
17관등 - 조위, 혹은 선지지.

신라의 골품제는 혈통이 높고 낮음에 따라 관직 진출, 혼
인, 의복의 색깔, 가옥 크기 등 사회 전반에 관한 여러 가지

의 범위와 한계를 규정한 일종의 신분 제도였다. 세습성과 배타성이 심하여 일찍부터 인도의 카스트 제도와 일본의 씨성氏姓 제도와 비교된다. 관리의 경우 6두품은 6관등인 아찬까지, 5두품은 10관등인 대나마까지, 4두품은 12관등인 대사까지만 진출할 수 있다. 그래서 신라 말기에는 인재 등용에 큰 문제점을 드러냈다.

《삼국사기》〈설계두〉 열전에 다음과 같은 기록이 있다.

신라 귀족 가문의 자손인 설계두는 친구 네 사람과 함께 모여 술을 마시면서 자기의 뜻을 이렇게 말했다.

"신라에서 사람을 등용하는데 골품을 따지기 때문에 진실로 그 족속이 아니면, 비록 큰 재주와 뛰어난 공이 있어도 그 한계를 넘을 수가 없다. 나는 원컨대 서쪽 중국으로 가서 세상에서 보기 드문 지략을 드날려 특별한 공을 세워 스스로의 힘으로 영광스런 관직에 올라 의관을 차려 입고 칼을 차고서 천자의 측근에 출입하겠다."

최고 귀족 가문의 설계두조차도 신분적 차별을 부당하게 느끼고 있었다. 실제로 설계두는 621년에 밀항하여 당나라에 들어간 후 당나라와 고구려 전쟁 때 큰 공을 세워 당태종을 기쁘게 만들었다고 한다.

제3장

국난을 이겨낸 충신과
명장·고승들의 이야기

목숨을 바쳐 왕자를 구한 충신 박제상

제17대 나밀왕(내물왕)이 즉위한 36년(390)에 일본 왕이 사신을 보내와 말했다.

"저희 임금이 대왕이 신성하다는 말을 듣고 신 등으로 하여금 백제가 지은 죄를 대왕에게 아룁니다. 바라옵건대 대왕께서는 왕자 한 분을 보내서 저희 임금에게 신의를 표하면 감사하겠습니다."

내물왕릉

이에 왕은 셋째아들 미해를 일본으로 보냈는데, 당시 미해의 나이는 열 살이었다. 말이나 행동거지가 아직 미숙하므로 내신 박사람을 부사로 삼아서 보냈다. 일본왕은 이들을 30년 동안이나 억류하여 돌려보내지 않았다.

또 눌지왕訥祇王이 즉위한 3년(419)에 고구려 장수왕이 사신을 보내와 말했다.

"저희 임금은 대왕의 아우 보해가 지혜와 재주가 뛰어나다는 말을 듣고 서로 친하게 지내기를 원하여 특별히 소신을 보내어 간청하는 바입니다."

왕은 이 말을 듣고 매우 다행스럽게 여겨 화친하기로 결정하였다. 그리하여 내신 김무알에게 보좌하도록 하여 아우 보해를 고구려로 보냈으나 장수왕도 그들을 억류해 두고 돌려보내지 않았다.

눌지왕 10년(425)에 왕은 여러 신하들과 나라 안의 호탕하고 의협심이 많은 사람들을 모아놓고 친히 연회를 베풀었다. 술이 세 차례 돌고 음악이 울려 퍼지자 왕은 눈물을 흘리면서 여러 사람들에게 말했다.

"과거 선왕께서 백성의 앞날을 생각하여 사랑하는

아들을 동쪽의 일본까지 보내셨다가 마침내 다시 만나보지 못하고 돌아가셨다. 또 과인이 왕위에 오른 뒤로 이웃 나라들의 군사가 몹시 강성하여 전쟁이 그칠 사이가 없었다. 그런데 유독 고구려만이 화친하자는 말이 있어서 과인은 그 말을 믿고 아우를 고구려에 보냈다. 그런데 고구려에서도 또 아우를 억류해 두고 돌려보내지 않았다. 과인이 아무리 부귀영화를 누린다 해도 일찍이 하루라도 이 일을 잊고 울지 않는 날이 없었다. 만일 이 두 아우를 만나 함께 선왕의 사당에서 제사를 지낼 수 있다면 나라 사람에게 그 은혜를 갚겠다. 누가 계책을 내서 이들을 구할 수 있겠는가?"

이 말을 듣자 백관百官이 입을 모아 아뢰었다.

"이 일을 성사시키기는 쉬운 일이 아닙니다. 반드시 지혜와 용맹을 겸한 사람이라야만 될 것입니다. 신들의 생각으로는 삽라군(경남 양산군) 태수 박제상이 적합한 인물입니다."

이에 왕은 박제상을 불러 물으니, 박제상은 두 번 절하고 대답했다.

"신은 임금에게 근심이 생기면 신하가 욕을 당하고,

임금이 욕을 당하면 신하는 죽어야 한다고 들었습니다. 만일 일의 어렵고 쉬운 것을 따져서 행한다면 이는 충성스럽지 못한 것이고, 또 죽고 사는 것을 생각한 뒤에 움직인다면 이는 용기가 없는 것입니다. 신은 비록 재주가 없으나 왕명을 따르겠습니다."

박제상

왕은 매우 가상히 여겨 술잔을 나누어 마시고 손을 잡아 작별해 보냈다. 제

박제상 추모비

상은 왕명을 받고 바로 북쪽 바닷길로 가서 변장을 하고, 보해가 있는 고구려로 갔다. 그리고 몰래 보해를 만나서 함께 도망할 날짜를 약속해 놓는데, 박제상은 미리 5월 15일에 고성 항구에 와서 배를 대고 기다리고 있었다.

약속한 날짜가 가까워지자 보해는 병을 핑계로 며칠 동안 조정에 나가지 않다가 야밤에 어둠을 타고 도망하여 고성 바닷가에 이르렀다. 뒤늦게 이 사실은 안 고구려 왕은 수십 명 군사를 동원해 추격하게 했다. 그러나 보해는 고구려에 있을 때에 늘 주변 사람들에게 은혜를 베풀었기 때문에 추격한 군사들은 오히려 그를 불쌍히 여겨 모두 화살의 촉을 뽑고 쏘아서 몸이 상하지 않고 무사히 돌아올 수가 있었다.

눌지왕은 보해를 만나보자 더욱 미해를 생각하는 마음이 간절해졌다. 한편으로는 기뻐하고 한편으로는 슬퍼하여 눈물을 흘리면서 측근들에게 말했다.

"마치 한 몸에 팔뚝이 하나만 있고, 한 얼굴에 한쪽 눈만 있는 것 같구나. 비록 하나는 얻었으나 하나는 잃은 대로이니 어찌 마음이 슬프지 않겠는가?"

이 말을 들은 박제상은 임금에게 두 번 절하여 하직하고 집에도 들르지 않은 채 말을 타고 바로 율포 항구로 갔다. 이 소식을 들은 그의 아내는 말을 타고 율포 항구까지 뒤쫓아갔으나 남편은 이미 승선한 뒤였다. 아내는 항구에서 간곡하게 남편을 불렀지만 다만 멀리서 손을 흔들어 보일 뿐 배는 멈추지 않았다. 박제상은 일본에 도착해서 거짓말을 했다.

"신라의 왕이 아무 죄도 없는 우리 아버지와 형을 죽였기에 망명했습니다."

일본왕은 박제상에게 거처를 마련해 주고 편히 있게 했다. 이때부터 박제상은 늘 미해를 모시고 해변에 나가 놀면서 물고기와 새를 잡아서 일왕에게 바치니 매우 기뻐하며 박제상을 의심하지 않았다.

그러던 어느 날 새벽, 마침 안개가 자욱하게 끼었는데 박제상이 미해에게 말했다.

"지금 빨리 탈출하십시오."

"같이 탈출합시다!"

"만일 신이 같이 탈출한다면 일본인들이 알고 추격할 것입니다. 그러니 신은 여기에 남아 추격을 막겠습니다."

"나는 그대를 부형처럼 여기고 있는데, 혼자서 살려고 그대를 버려두고 돌아간단 말이오?"

"신은 공의 목숨을 구하는 것으로 대왕의 마음을 위로해 드리면 그것으로 만족할 뿐입니다. 어찌 살기를 바라겠습니까."

그리고는 작별의 술을 부어 미해에게 건네고, 때마

침 신라에서 일본에 파견한 강구려 일행에게 몰래 호
위하도록 했다.

미해가 떠나자 박제상은 짐짓 미해의 방에 들어가
서 다음날 아침까지 있었다. 미해를 감시하는 일본인
들이 방에 들어가려 하므로 박제상이 나와서 말리면
서 말했다.

"미해공은 어제 사냥 갔다 오느라 몹시 피로해서
아직 일어나지 않았습니다."

그러나 저녁때가 되어도 그 모습을 보이지 않자 감
시하는 자들은 수상하게 여겨 다시 물었다. 이때 제상
은 대답했다.

"미해공은 이미 일본을 떠난 지 오래 되었소."

감시하는 자들이 급히 달려가 일왕에게 고했다. 일
왕은 기병을 시켜 추격하도록 했으나 잡을 수가 없었
다. 이에 성난 일본왕은 박제상을 가두고 물었다.

"너는 어찌하여 왕자를 몰래 돌려보냈느냐?"

"나는 신라 신하이지 일본의 신하가 아니오. 이제
우리 임금의 소원을 이루어드렸을 뿐인데, 어찌 이 일
을 그대에게 말하겠소?"

일왕은 노발대발하여 말했다.

"너는 이미 내 신하가 되었는데도 아직도 신라의 신하라고 말하느냐? 그렇다면 다섯 가지 형벌을 갖추어 너에게 벌을 내릴 것이다. 그러나 만일 나의 신하라고만 말한다면 후한 상을 내리리라."

"차라리 신라의 개나 돼지가 될지언정 일본의 신하가 되지는 않겠다. 차라리 신라에서 형벌을 받는 일이 있더라도 일본에서 작록을 받지 않겠다."

더욱 성이 난 일왕은 제상의 발 가죽을 벗기고 갈대를 베어 그 위를 걸어가도록 했다. 그리고는 다시 물었다.

"너는 어느 나라 신하냐?"

"신라의 신하이다."

일왕은 또 쇠를 달구어 그 위에 세워놓고 다시 물었지만 같은 대답만 들었다. 결국 일왕은 그를 굴복시키지 못할 것을 알고 목도라는 섬에서 불태워 죽였다.

미해는 박제상 덕분에 무사히 바다를 건너 고국으로 돌아왔다. 그는 먼저 강구려를 시켜 나라 안에 귀국 사실을 알렸다. 이 소식을 접한 눌지왕은 매우 기뻐하며 여러 신하들에게 명하여 미해를 굴헐역까지 나가서 맞이하도록 하고, 친히 아우 보해와 함께 남쪽 교외에서 맞이하여 함께 대궐로 돌아왔다. 또 잔치를 베풀고 나라에 대사령을 내려 죄수를 풀어주었다. 그리고 제상의 아내를 국대부인에 봉하고, 그의 딸은 미해공의 부인으로 삼도록 했다.

이때 논자는 말했다.

"옛날에 한나라 신하 주가가 형양 땅에 있다가 초나라 군사에게 포로로 잡힌 일이 있었다. 이때 항우는 주가를 보고 말하기를, '네가 만일 내 신하 노릇을 한다면 만호후萬戶侯를 주겠다.'고 회유했다. 그러나 주가는 항우를 꾸짖고 굴복하지 않았으므로 그에게 죽임을 당했다. 그러니 이번 박제상의 행동은 주가와 견줄 만하다."

망덕사 옛터

처음 박제상이 신라를 떠날 때 부인은 그 소식을 듣고 남편을 뒤쫓아갔으나 만나지 못했다. 이에 망덕사望德寺(경주시 배반동에 있던 절) 문 남쪽 백사장 위에 이르러 주저앉아 길게 울부짖었고, 그 백사장을 장사長沙라고 불렀다. 이때 친척 두 사람이 부인을 부축하여 돌아오려고 하였으나 부인은 다리에 힘이 풀려서 다리를 뻗은 채 일어나지도 못했다. 그래서 그곳을 *벌지지伐知늘라고 이름 지었다. 그 후에도 부인은 남편을 그리워하는 마음을 견디지 못하여 세 딸을 데리고 치술령(경주와 울산 경계에 있는 고개)에 올라가 일본을 바라보고 통곡하다가 죽고 말았다. 그래서 현지인들이 그녀를 치술신모라고 하고 제사하는 사당을 지었는데, 아직까지 남아 있다.

장사 벌지지

벌지지伐知늘
다리를 뻗친다는 뜻으로 곧 '뻗치다.'의 고유음. 경주 남천과 망덕사지 사이의 논두렁에 그 기념비가 있다.

신도 보호하고 당 황제도 두려워한
김유신

김유신 장군 초상

이간 김무력의 아들인 각간 김서현의 맏아들이 유신이고 그 아우는 흠순이다. 맏누이는 보희로서 어릴 때 이름은 아해이고, 누이동생은 문희이며 어릴 때의 이름은 아지이다. 김유신은 진평왕 17년(595)에 태어났다. 칠요七曜 (동양의 천문설로 일월과 화·수·목·금·토의 오성)의 정기를 타고 났기 때문에 등에 일곱 별의 무늬가 있었고, 신변에 신기하고 이상한 일이 많았다.

나이 열여덟 되는 임신년에 검술을 익혀 국선이 되었다. 이때 백석이란 자가 있었는데, 내력을 알 수가 없었지만 여러 해 동안 낭도의 무리에 소속되어 있었다. 이때 유신은 고구려와 백제의 두 나라를 치려고 밤낮으로 깊은 계획을 세우고 있었는데, 백석이 그 일을 알아채고 유신에게 말했다.

"제가 공과 함께 먼저 적국에 가서 실정을 정탐한 뒤에 일을 도모하는 것이 어떻겠습니까?"

유신은 기뻐하여 친히 백석을 데리고 밤에 출발했다. 고개 위에서 쉬고 있노라니 두 아낙이 그들을 따라와서 골화천(영천 부근)에 이르러 유숙하게 되었는데, 또 다른 한 아낙이 갑자기 찾아왔다. 공이 세 아낙과 함께 기쁘게 이야기하고 있노라니 아낙들은 맛있는 과실을 그에게 주었다. 유신은 그것을 받아먹으면서 자연스럽게 그녀들을 믿게 되어 자기의 실정을 털어놓았다. 아낙들이 말했다.

"공의 말씀은 알겠습니다. 원컨대 공께서는 백석을 떼어놓고 우리들과 함께 저 숲속으로 들어가면 자세한 사정을 다시 말씀드리겠습니다."

이에 그녀들과 함께 들어가니 아낙들은 문득 신으로 변하며 말했다.

"저희들은 내림·혈례·골화 등 세 곳을 지키는 호국신이오. 지금 적국 사람이 공을 유인해 가는데도 공은 알지 못하고 따라가므로, 저희가 공을 말리려고 여기까지 온 것이었소."

그녀들은 말을 마치고 자취를 감추었다. 공은 말을 듣고 놀라 두 번 절하고 나와서는 골화관에 묵으면서 백석에게 말했다.

"나는 지금 다른 나라에 가면서 중요한 문서를 잊고 왔다. 너와 함께 집으로 돌아가서 가지고 오도록 하자."

마침내 더불어 집에 돌아오자 백석을 결박해 놓고 그 전후 사정을 물으니 백석이 말했다.

"나는 본래 고구려 사람이오. 본국의 여러 신하들이 말하기를, 신라의 유신은 본래 우리나라 점쟁이 추남이었답니다. 한 번은 국경 지방에 역류하는 물이 있어서 추남에게 점을 치게 했었습니다. 이때 추남은 '대왕의 부인이 음양의 도를 역행했기 때문에 이러한 징조가 나타난 것입니다.' 라고 점괘를 말했습니다.
이에 대왕은 놀라며 괴이하게 여겼고, 왕비는 노발대
발하면서 추남의 점괘는 반드시 요망한 여우와 같은
말이라고 했습니다. 그래서 왕에게 다른 일을 가지고
시험해서 물어보아 맞지 않으면 중형을 내리려고 했
습니다. 그리하여 쥐 한 마리를 함 속에 감추어두고
이것이 무슨 물건이냐 물었더니 추남은 '이것이 반드
시 쥐일 것인데 그 수가 여덟입니다.' 했습니다. 사람
들은 그의 말이 맞지 않는다고 해서 죽이려 하자 추남
은 자신이 죽은 뒤에는 꼭 다른 나라의 대장이 되어
반드시 고구려를 멸망시킬 것이라 맹세했습니다.

　곧 그를 죽이고서 나중에 쥐의 배를 갈라보니 새끼
일곱 마리가 있는 것을 알았습니다. 그제야 추남의 말
이 맞는 것을 알았는데, 그날 밤 대왕의 꿈에 추남이
신라 서현공 부인의 품속으로 들어가는 것을 보았습
니다. 이에 여러 신하들에게 물었더니 모두 '추남이
맹세하고 죽더니 과연 맞는 것 같습니다.' 라고 했습
니다. 이 때문에 고구려에서는 나를 보내서 공을 유인
하게 한 것이오."

유신은 곧 백석을 죽이고 음식을 갖추어 삼신에게 제사지내니 그녀들은 모두 모습을 나타내서 제물을 흠향했다.

김유신 집안의 재매부인이 세상을 떠나자 청연 상곡에 장사지내고 재매곡이라 불렀다. 해마다 봄이 되면 온 집안의 남녀들이 그 골짜기 남쪽 시냇가에 모여서 잔치를 열었다. 이럴 때엔 백 가지 꽃이 화려하게 피고 송화가 골짜기 안 숲속에 가득했다. 골짜기 어귀에 암자를 짓고 이름을 송화방이라 하여 전해 오다가 원찰로 삼았다.

재매정
신라의 명장 김유신의 옛 집터에 있는 우물. 경주시 교동 소재

김유신-흥무왕비

김유신 장군 묘

54대 경명왕景明王 때에 김유신공을 흥무왕興武王이라 봉했다. 능은 서산 모지사 북쪽 동으로 향해 뻗은 봉우리에 있다.

신문왕 때에 당 고종이 신라에 사신을 보내서 말했다.

"짐의 성스러운 부친이었던 당태종은 어진 신하 위징과 이순풍 등을 얻어 마음을 합하고 덕을 같이하여 중국 천하를 통일했다. 이 때문에 태종황제라고 했다. 그런데 신라는 해동의 소국으로 김춘추에게 '태종무열왕'이란 칭호를 쓰니, 이는 중국 천자의 이름을 참람하게 하는 것으로 충성스럽지 못하다. 속히 그 칭호를 고치도록 하라."

이에 신라왕은 글을 올려 말했다.

"신라는 비록 작은 나라이지만 성스러운 신하 김유신을 얻어 삼국을 통일했으므로 태종이라 칭한 것입니다."

당나라 황제가 그 글을 보고 자신이 태자로 있을 때에 하늘에서 *삼십삼천의 한 사람이 신라에 태어나서 김유신이 되었느니라.'라고 들은 일을 기록해 둔 일이 떠올랐다. 그래서 그 책을 꺼내보고는 놀라며 두려움을 참지 못하여 다시

> 삼십삼천三十三天
> 불교에서 말하는 육욕천, 십팔천, 무색계 사천과 일월 성숙천, 상교천, 지만천, 견수천, 제석궁천을 통틀어 이르는 말.

사신을 보내어 태종의 칭호를 고치지 않아도 좋다고 했다.

화랑을 중시했던 죽지랑

제32대 효소왕孝昭王 때 죽지랑의 무리 중에 급간 득오실得烏失이 있었는데 화랑도의 명부에 이름을 올려놓고 날마다 나왔었다. 그런데 어느 날부터 열흘이 넘도록 보이지 않았다. 죽지랑은 그의 어머니를 불러 아들이 어디 갔는가를 물으니 어머니는 말했다.

"모량부의 당전(오늘날 부대장에 해당하는 군직), 아간 익선이 내 아들을 부산성 창직(곡식 창고지기)으로 보냈으므로 빨리 가느라고 미처 그대에게 작별인사도 드리지 못했습니다."

"당신의 아들이 만일 개인적인 일로 떠난 것이라면 찾아볼 필요가 없겠지만 이제 공적인 일로 갔으니 내가 가서 마땅히 대접해야겠소."

효소왕릉   효소왕릉비

　이에 떡 한 그릇과 술 한 병을 가지고 하인들을 거
느리고 찾아가니 낭의 무리 137명도 위의를 갖추고
따라갔다. 부산성에 이르러 문지기에게 물었다.

　"득오실이 어디 있는가?"

　"지금 익선의 밭에서 관례에 따라 부역을 하고 있
습니다."

　낭은 밭으로 찾아가서 가지고 간 술과 떡을 대접하
고, 익선에게 휴가를 청하여 잠시 돌아오려 했으나 익
선이 반대하고 허락하지 않았다. 이때 사리 간진이 추
화군 능절의 조 30석을 거두어 싣고 성 안으로 가고
있었다. 그는 죽지랑이 화랑을 소중히 여기는 기풍을
아름답게 여기고 익선의 고집불통을 비루하게 여겨,

가지고 가던 조 30석을 익선에게 주면서 휴가를 주도록 함께 청했으나 그래도 허락하지 않았다. 이번엔 진절 사지의 말안장을 주니 그제야 허락했다.

조정에서 화랑을 관장하는 관리가 이 말을 듣고 사자를 보내서 익선을 잡아다가 그 고약한 버릇을 고쳐주려 하니, 익선은 도망하여 숨어버렸다. 이에 그의 맏아들을 잡아다가 몹시 추운 겨울날에 연못에서 목욕을 시켜 얼어 죽게 만들었다.

효소왕도 그 말을 듣고 명령하여 모량리 출신으로 벼슬에 오른 자는 모조리 쫓아내어 다시는 관청에 붙이지 못하게 하고, 또 승려의 옷도 입지 못하게 하며, 만일 이미 승려가 된 자라도 종을 치고 북을 울려 절에서 쫓아내게 하였다. 그리고 칙사가 간진의 자손을 공적이 있는 장부에 올려서 남달리 표창했다. 이때 원측 법사는 해동의 고승이었지만 모량리 출신이라 승직도 주지 않았다.

처음에 술종공이 삭주도독사가 되어 임지로 가는데, 마침 삼한에 전쟁이 벌어지고 있어 기병 3천 명으로 그를 호송하게 했다. 일행이 죽지령에 이르니 한 거사가 그 고갯길을 닦고 있었다. 공이 이것을 보고 탄복하여 칭찬하니 거사도 공의 뛰어난 위세를 보고 감복하고 서로 마음속에 흠모했었다.

술종공이 고을의 임지로 부임한 지 한 달이 지나서 꿈에 죽지령에서 본 거사가 방으로 들어오는 것을 보았는데 아내 또한 같은 꿈을 꾸었다. 더욱 놀라고 괴상히 여겨 이튿날 사람을 시켜 그 거사의 안부를 물으니 사람들이 거사가 며칠 전에 죽었다고 전했다. 사자가 돌아와 그 사실을 고하니 그가 죽은 날이 꿈을 꾸던 날과 같았다. 이에 술종공이 말했다.

"거사는 반드시 우리 집에 태어날 것이다."

술종공은 다시 군사를 보내어 고개 위 북쪽 봉우리에 장사지내고, 돌로 미륵을 하나 만들어 무덤 앞에 세워놓았다. 공의 아내는 그 꿈을 꾸던 날로부터 태기가 있어 아이를 낳으니 이름을 죽지라고 했다. 이 죽지랑이 커서 부원수가 되어 김유신과 함께 삼국을 통일했다. 진덕여왕·태종·문무·신문왕의 4대에 걸쳐 재상으로서 이 나라를 안정시켰다.

일찍이 득오실이 죽지랑을 사모하여 노래를 지었는
데 이렇다.

지나간 봄을 그리워하니 모든 것이 서러워 시름하네.
아름답던 얼굴에 주름살지시려 하니,
눈 돌릴 사이에나마 이승에서 만나 뵙도록 기회 만
들리라.
낭이여! 그리운 마음에 가고 오는 길,
다북쑥 우거진 마을에 잘 밤 있으리오.

왕에게 배신당한 비운의 장군 궁파

제45대 신무왕이 왕위에 오르기 전에 협객 궁파弓
巴(장보고)에게 말했다.

"나에게는 한 하늘 아래에 더불어 살아나갈 수 없
는 원수가 있다. 당신이 만일
나를 위해서 그를 없애준다면
내가 왕위에 오른 뒤에 그대의
딸을 맞아 왕비로 삼겠다."

궁파 장보고

신무왕릉

청해진성 전남 완도 소재

궁파가 이를 허락하고 마음과 힘을 같이하여 군사를 일으켜 서라벌로 쳐들어가서 그 일을 성취하였다. 이후에 그가 왕위에 오르자 약속대로 궁파의 딸을 왕비로 삼으려 했다. 그러자 여러 신하들이 힘써 반대했다.

"궁파는 그 출신이 아주 미천하므로 대왕께서 그의 딸을 왕비로 삼는 것은 바람직하지 못합니다."

왕은 대신들의 말을 따랐다.

그때 궁파는 청해진淸海鎭을 지키고 있었는데 왕이 약속을 지키지 않은 것을 원망하여 반란을 일으키려 했다. 이 말을 들은 장군 염장이 왕에게 아뢰었다.

"궁파가 장차 반란을 일으키려 하니 소신이 가서 이를 제거하겠습니다."

왕은 기뻐하여 허락했다. 염장은 왕의 뜻을 받아 청해진으로 가서 안내자를 통해서 말했다.

"저는 지금 왕에게 원망이 있어서 그대에게 의탁하여 몸과 목숨을 보전하려 하오."

처음에 궁파는 이 말을 듣고 크게 노했다.

"당신들이 왕에게 간해서 내 딸을 왕비가 되지 못하게 하고 무슨 염치로 나를 보려 하느냐?"

염장이 다시 사람을 통해서 말했다.

"그것은 여러 신하들이 간한 것이고 저는 그 일에 간여하지 않았으니 저를 의심하지 마십시오."

이에 궁파는 그를 청사로 불러들여 다시 물었다.

"그대는 정말로 무슨 일 때문에 여기까지 왔는가?"

"왕의 뜻을 거스른 일이 있기에 장군의 막하에 의탁해서 해를 면할까 하는 것이오."

"그렇다면 정말 다행한 일이오."

궁파는 무척 기뻐하며 술자리를 마련했다. 이에 염장은 갑자기 궁파의 긴 칼을 빼어 그를 눈 깜짝할 사이에 죽여버렸다. 궁파의 휘하에 있던 군사들은 놀라서 모두 땅에 엎드려 복종하였다. 이에 염장은 그들을 이끌고 서라벌로 와서 왕에게 복명했다.

"이미 궁파를 베어 죽였습니다."

왕은 기뻐하며 그에게 상을 내리고 아간 벼슬을 주었다.

기파랑을 기리고 안민가를 만든 충담사

당나라에서 《도덕경》 등을 보내오자 경덕왕은 예를 갖추어 이를 받았다. 왕이 나라를 다스린 지 24년에 오악과 삼산신들이 때때로 나타나서 대궐 뜰에서 왕을 모셨다. 3월 3일 왕이 귀정문歸正門 누각 위에 나가서 측근 신하들에게 말했다.

"누가 길에서 위엄이 있는 몸가짐을 갖춘 승려를 모셔올 수 있느냐?"

경덕왕릉

때마침 위엄이 있고 몸가짐이 깨끗한 고승이 길에서 배회하고 있어서 이 승려를 모셔오니 왕이 말했다.

"내가 말하는 위엄 있는 승려가 아니다."

그를 돌려보내고 다시 승려 한 사람이 나타났는데, 낡은 장삼에 삼태기를 걸치고 남쪽에서 오고 있었다. 왕이 그를 보고 기뻐하여 누각 위로 영접했다. 삼태기 속을 보니 다기가 들어 있었다. 왕이 물었다.

"그대는 대체 누구요?"

"소승은 충담忠談이라고 합니다."

"어디서 오는 길이오?"

"소승은 해마다 3월 3일과 9월 9일에는 차를 달여서 남산 삼화령三花嶺의 미륵 세존께 올리는데, 지금도 차를 올리고 돌아오는 길입니다."

"과인에게도 그 차를 한 잔 나누어주겠소?"

승려는 이내 차를 달여 드리니 차 맛이 특이하고 찻잔 속에서 오묘한 향기가 풍겼다. 왕이 다시 물었다.

"과인이 일찍이 들으니 스님이 지은 기파랑耆婆郎을 찬미하는 사뇌가(신라 향가의 또 다른 이름)가 그 뜻이 무척 고상하다고 하니 그 말이 사실입니까?"

"남들이 과찬하여 그리 말한 것입니다."

"겸손의 말씀이오. 과인을 위해서도 안 민가安民歌를 지어주시오."

안민가비(경주 보문단지)

충담은 이내 왕명을 받들어 노래를 지어 바치니 왕은 아름답게 여기고 그를 왕사로 봉했으나 그는 두 번 절하고 굳이 사양하여 받지 않았다.

〈안민가〉는 이렇다.

임금은 아버지요,
신하는 사랑스런 어머니와 같다네.
백성을 가엾은 아이라 여기시니,
백성들이 그 깊은 은혜를 알리라.
꿈틀거리면서 사는 물생에게
먹거리를 주어 다스리네.
이 땅을 버리고 어디로 갈거나,

나라 안이 잘 유지됨을 알리라.
임금답게 신하답게 백성답게 하면,
나라 안은 길이 태평하리라.

기파랑을 찬미한 〈찬기파랑가讚耆婆郞歌〉는 이렇다.

흐느끼며 바라보매 나타난 달이
흰 구름을 쫓아 떠가는 것 아닌가.
여기 새파란 냇가에
기파랑의 모습이 있더라.
일오천 조약돌에서
낭이 지니시던
마음을 따르고자 하네.
아아! 잣나무 가지 드
높아,
  서리 모를 그 씩씩한
모습이여!

찬기파랑가비

경덕왕 19년(760) 4월 초하루에 두 개의 해가 나란히 나타나서 열흘 동안 없어지지 않자 일관이 아뢰었다.

"인연 있는 승려를 청하여 꽃 뿌리는 공덕을 지으면 재앙을 물리칠 수 있을 것입니다."

이에 조원전에 단을 정결히 모으고 임금이 청양루에 거동하여 인연 있는 승려가 오기를 기다렸다. 이때 월명사月明師가 긴 밭두둑 길을 가고 있었다. 왕이 사람을 보내서 그를 불러 단을 열고 기도문을 짓게 하니 월명사가 아뢰었다.

"저는 다만 국선의 무리에 속해 있기 때문에 겨우 향가만 알 뿐이고 범성(범패)에는 서투릅니다."

"이미 인연 있는 승려로 뽑혔으니 향가라도 좋소."

이에 월명이 〈도솔가兜率歌〉를 지어 바쳤는데 가사
는 이렇다.

지금 여기 산화가를 부르나니,

뿌려진 꽃은

곧은 마음의 명령을 부림이니,

미륵좌주를 모시게 하라.

이것을 풀이하면 이렇다.

대궐에서 지금 산화가를 부르나니,

청운에 한 송이 꽃을 뿌려 보내네.

은근하고 정중한 곧은 마음의 발로이니,

멀리 *도솔천의 부처님을
맞이하라.

지금 세간에서는 이것을
〈산화가〉라고 하지만 잘못

> 도솔천兜率天
> 불교에서 말하는 육욕천의 넷
> 째 하늘. 수미산의 꼭대기에
> 있는데, 미륵보살이 사는 곳이
> 다. 내원과 외원이 있으며, 내
> 원은 미륵보살의 정토이고 외
> 원은 천계 대중이 환락하는 장
> 소라고 한다.

안 것이다. 마땅히 〈도솔가〉라고 해야 할 것이다. 산화가는 따로 있는데 그 글이 번잡하여 다 실을 수 없다. 그 후에 이내 해의 변괴가 사라졌다.

왕이 이를 가상히 여겨 좋은 차 한 봉과 수정으로 만든 염주 108개를 하사했다. 이때 갑자기 용모가 곱고 깨끗한 동자가 나타나 공손히 차와 염주를 받들고 대궐 서쪽 작은 문으로 나갔다. 월명은 이 동자를 내궁의 사자로 알고, 왕은 스님의 종자로 알았다. 그러나 자세히 알고 보니 모두 틀린 추측이었다.

왕은 몹시 이상히 여겨 사람을 시켜 쫓게 하니, 동자는 내원 탑 속으로 숨고 차와 염주는 남쪽의 벽화 미륵상 앞에 있었다. 월명의 지극한 덕과 정성이 미륵보살을 감응시켰던 것이다. 이 사실을 조정이나 민간에서 모르는 이가 없게 되었다. 왕은 더욱 공경하여 다시 비단 100필을 주어 큰 정성을 표시했다.

월명은 또 일찍이 죽은 누이동생을 위해서 재를 올렸는데 향가를 지어 제사지냈다. 이때 갑자기 회오리 바람이 일어나더니 종이돈이 서쪽으로 날려 없어졌다. 그 향가는 이렇다.

죽고 사는 길이 여기 있으니 두려워지고,
나 간다는 말도 다 못 하고 너 떠나는구나.
바람에 떨어지는 추풍낙엽과 같이,
한 가지에서 났지만 어디로 갈지 모르겠구나.
아, 극락세계에서 너를 만나볼 수 있으니
나는 부지런히 도를 닦아 그날을 기다리련다.

월명은 항상 사천왕사에 있으면서 피리를 잘 불었다. 어느 날 달밤에 피리를 불면서 문 앞 큰 길을 지나가니 달이 그를 위해서 움직이지 않고 서 있었다. 이 때문에 그곳을 월명리라고 했다. 월명사도 이 일 때문에 이름이 널리 알려졌다.

사천왕사비 사천왕사 옛터는 경주 배반동 낭산의 남동쪽 기슭에 있다.

노래를 지어 혜성과 일본 군사를 물리친

융천사

거열랑, 설처랑, 보동랑 등 세 화랑의 무리가 풍악 (금강산)에 노닐려고 했는데, 혜성이 *심대성心大星을 범하였다. 낭도들은 이를 의아스럽게 생각하고 그 여행을 중지하려고 했다. 이 때에 융천사融天師가 노래

> 심대성心大星
> 28수 중의 심성, 즉 북극성을 뜻한다.

를 지어 부르자 혜성의 괴변은 즉시 사라지고 일본 군 사가 제 나라로 돌아가니 도리어 경사가 되었다. 임금 이 기뻐하여 낭도들을 보내어 풍악에서 놀게 했으니, 노래는 이렇다.

옛날 동해가에 *건달바가 노닐던 성을 갔다가,

왜군이 침입했다고 봉화를 든 변방의 성이 보이더라.

세 화랑이 산 구경 오심을 듣고 달님도 부지런히 등불을 켜는데,

갑자기 하늘을 바라보고 '혜성이여!' 하고 말한 사람 있구나.

아아, 달은 저 아래로 떠갔거니 보아라, 무슨 혜성이 있으랴.

건달바乾達婆
불법을 지키는 여덟 신장 중의 하나. 수미산 남쪽의 금강굴에 살며 제석천의 아악을 맡아보는 신으로, 술과 고기를 먹지 않고 향만 먹으며 공중으로 날아다닌다고 한다. 건달바가 요술을 부려 만든 성을 '건달바성'이라 하며, 갑자기 나타났다 사라지는 신기루와 같은 말로 쓰인다.

원광 법사가 중국에서 유학하고 귀국하니, 신라에서는 임금과 신하들이 그를 매우 존경하여 스승으로 삼았다. 법사는 항상 《대승경전》을 강의했다. 이때 고구려와 백제가 늘 변방을 침범하니 왕은 몹시 걱정하여 당나라에 군사를 청하고자 법사를 불러 〈걸병표乞兵表〉를 짓게 했다. 이 글을 보고 당나라 황제가 30만 군사를 내어 친히 고구려를 쳤다. 이로부터 법사가 유교에도 두루 통달한 것을 세상 사람은 알았다. 나이 84세에 세상을 떠나니 명활성 서쪽에 장사지냈다.

이는 《수이전》〈원광 법사전〉에 기재된 내용이다.

《속고승전》에는 원광 법사가 640년에 황룡사 안에서 아흔아홉에 좌선한 채로 열반했다고 전한다.

또 《삼국사》 열전에 이런 기록이 남아 있다.

어진 선비로 알려진 귀산은 사량부 사람이었다. 마을의 추항과 친구가 되어 두 사람은 서로 말했다.

"우리들이 사대부·군자들과 함께 교유하려면 먼저 마음을 바르게 하고 조신하게 처신하지 않는다면 반드시 욕을 당하는 것이다. 그러니 마땅히 어진 사람을 찾아가서 도를 물어보자!"

이때 원광 법사가 수나라에 갔다가 돌아와서 가슬갑嘉瑟岬에 잠시 살고 있다는 말을 듣고 두 사람은 그에게 나아가 가르침을 청했다.

"저희들은 세속의 선비라 어리석어 아는 것이 별로 없습니다. 원컨대 좋은 말씀을 주시어 평생의 경계로 삼게 해주십시오."

원광이 다음과 같이 세속오계를 일러주었다.

운문사 대광보전

화랑오계비 운문사 입구에 세워져 있음.

"불교에는 보살계가 있으니, 첫째는 임금을 충성으로 섬기는 일이요, 둘째는 부모를 효도로 섬기는 일이요, 셋째는 벗을 신의로 사귀는 일이요, 넷째는 싸움에 임해서는 물러서지 않는 일이요, 다섯째는 살아 있는 생물을 죽이는데 가려서 한다는 일이다. 너희들은 이 일을 실행하여 소홀히 하지 말라."

귀산 등이 말했다.

"다른 일은 모두 알겠지만 살아 있는 생물을 죽이는데 가려서 한다는 것은 잘 이해가 되지 않습니다."

"*육재일六齋日과 봄·여름에는 죽이지 않는 것이니 이것은 시기를 가리는 것이다. 말·소·개 등 가축을 죽이지 않고 고기가 한 점도 되지 못하는 작은 생물을 죽이지 않는 것이니

> 육재일六齋日
> 불교에서 한 달 중, 부정한 일을 멀리하고 심신을 깨끗이 하는 여섯 날. 즉, 매월 음력 8일·14일·15일·23일·29일·30일.

이것은 생물을 가려 죽이라는 것이다. 또한 죽일 때도 쓸 만큼만 하고 많이 죽이지 말라는 것이다. 이것이 바로 세속의 좋은 경계인 것이다."

"지금부터 이 말을 받들어 실천하여 감히 어기지 않겠습니다."

그 후에 두 사람은 전쟁에 나가서 모두 국가에 큰 공을 세웠다.

중국의 진·수나라 때에 해동 사람으로서 바다를 건너가서 도를 배운 자는 드물었으며, 혹시 있다고 해도 그 이름을 크게 떨치지는 못했다. 그러나 원광 이후로 계속해서 중국으로 배우러 간 사람이 끊이지 않았으니 그가 선구자로 길을 열었다 하겠다. 그를 찬양하나니,

바다 건너 중국 땅의 구름을 헤쳐 나가서
몇 사람이나 밝은 덕을 배웠던가.
옛날의 자취는 오직 푸른 산만이 남았지만,
금곡사와 원광 법사의 지난 행적은 들을 수 있네.

화랑의 유래와 풍월도風月道

신라 진흥왕은 천성이 멋스러워 신선을 크게 숭상하여, 민가의 아름다운 처녀를 가려서 원화源花로 삼았다. 그것은 무리를 모아 그 중에서 인물을 선발하고 또 그들에게 효제와 충신을 가르치려 함이었다. 이에 '남모'와 '준정'이라는 두 여성을 원화로 삼고 300여 명의 젊은이를 거느리게 해 행실을 보아 인재를 등용하려 했다.

그러나 두 여인은 서로 미모를 질투하여 준정이 남모를 자기 집으로 유인해 술을 먹여 취하게 만든 뒤 강에 빠뜨려 죽여버렸다. 그 일이 밝혀져 준정도 사형당하고 이후에는 여성 대신 용모가 뛰어난 남성을 화랑으로 삼았다. 그리고

설원랑을 국선國仙으로 삼으니 이것이 화랑 국선의 시초이다.

이때부터 사람에게 악을

고쳐 선으로 옮기게 하고, 윗사람을 공경하고 아랫사람에게 순하게 하니 인의예지신과 예의범절, 음악, 활쏘기, 말타기, 서예, 수학 등이 널리 행해지고 충직한 신하들이 배출되었다. 화랑은 풍월도風月道 – 풍류를 행하는데, 최치원의 〈난랑비〉 서문에는 이렇게 소개되어 있다.

나라에 현묘한 도가 있으니 풍류라 한다. 가르침의 근원에 대해서는 선사仙史에 자세히 실려 있는데, 곧 유교 · 도교 · 불교를 아울러 포함하고 뭇 백성들을 교화한다.

그리고 화랑은 풍류도의 가르침에 따라 서로 도의로 연마하고, 노래와 춤으로 즐기며, 산천을 찾아 노닌다고 하였다.

제4장

아름답고 슬픈

사랑의 연가와 진실

해와 달의 정기를 머금은
금슬 좋은 연오랑과 세오녀

아달라왕이 즉위한 4년(158)에 동해 바닷가에는 연오랑延烏郎과 세오녀細烏女 부부가 살고 있었다. 어느 날 연오랑이 바다에 나가 해조를 따고 있는데 갑자기 바위 하나가 나타나더니 연오랑을 등에 싣고 일본으로 가버렸다. 이 광경을 본 일본 사람들은 비범한 사람으로 여겨서 왕으로 내세웠다.

세오녀는 남편이 집으로 돌아오지 않는 것을 이상하게 생각하

배리삼릉(아달라왕릉) 아달라왕릉을 제외하고 나머지는 신덕왕릉과 경명왕릉임.

연오랑과 세오녀 동상

여 바닷가에 나가서 한 바위 위에 남편이 벗어 놓은 신을 발견했다. 이에 그 위에 올라갔더니 그 바위는 또 세오녀를 싣고 남편이 있는 일본으로 데려갔다. 일본 사람들은 놀라고 이상히 여겨 왕에게 이 사실을 말하니, 부부가 서로 극적으로 상봉하고 그녀는 왕비가 되었다.

　이때 신라에서는 해와 달의 광채가 사라졌다. 천문을 관측하는 관리가 왕께 아뢰었다.

　"해와 달의 정기가 우리나라에서 일본으로 가버렸기 때문에 이러한 괴변이 생기는 것입니다."

　왕이 일본으로 사신을 보내서 두 사람을 찾아 그 사정을 말하니 연오랑이 말했다.

"제가 이 나라에 온 것은 하늘이 시킨 일이라 다시 돌아갈 수가 없습니다. 그러나 여기에 왕비가 짠 고운 비단이 있으니 이것으로 하늘에 제사를 드리면 정상으로 돌아올 것입니다."

그리고 비단을 주니 사신이 받아서 돌아와 신라왕께 사실대로 보고하고 하늘에 제사를 드렸다. 이후부터 해와 달의 정기가 전과 같아졌다. 이에 그 비단을 임금의 창고에 간수하고 국보로 삼으니 그 창고를 귀비고라 한다. 또 하늘에 제사지낸 곳을 영일현, 또는 도기야라 한다.

노래로 신화공주를 얻은 서동

백제 제30대 무왕武王의 이름은 장璋이다. 그 어머니는 일찍이 과부가 되어 서울 남쪽 연못가에 집을 짓고 살았는데, 연못 속의 용과 관계를 맺어 장을 낳았다. 어릴 때 이름은 서동으로 재주와 도량이 커서 헤아리기 어려웠다. 항상 서薯(마)를 캐다가 파는 것으로 생업을 삼았으므로 사람들이 서동이라고 불렀다.

선화공주 서동왕자 동상

당시 신라 진평왕의 셋째공주 선화가 뛰어나게 아름답다는 말을 듣고는 머리를 깎고

서라벌로 가서 마을 아이들에게 마를 주니, 아이들이
친해져 그를 따르게 되었다. 이에 아이들을 꾀어서 다
음과 같은 동요를 지어 부르게 했다.

선화공주님은 남몰래 정을 통하고
서동 서방을 밤에 몰래 안고 간다.

이 동요가 서울에 널리 퍼져서 급기야 대궐 안에까
지 들리자, 백관들이 임금에게 망측한 일이라고 상소
를 올려 공주를 먼 곳으로 귀양 보내게 했다. 공주가
귀양지로 떠나려 할 때, 왕후는 공주를 걱정하여 순금
한 말을 주어 노자로 삼게 했다.

공주가 귀양지로 가는 도중에 서동이 짐짓 나와서
공주에게 절하면서 모시고 가겠다고 했다. 공주는 그
의 내력을 잘 알지 못했지만 믿음이 가고 서서히 좋아
하는 마음에 생겨서 그와 몰래 정분을 나누었다.

나중에 서동의 이름을 듣고 동요가 맞았음을 알았
다. 그리하여 백제로 와서 왕비가 준 금을 꺼내놓고
앞으로 살 계획을 말하자 서동이 크게 웃고 말했다.

"이게 무엇이오?"

"이것은 황금이라는 것인데, 한 백 년 동안 부를 누리기에 충분할 것입니다."

"내가 어릴 때부터 마를 캐던 곳에 이런 덩어리를 흙더미처럼 쌓아두었소."

이 말을 들은 공주는 크게 놀라면서 말했다.

"그것은 천하에 가장 진귀한 보배이니 그대는 지금 그 금이 있는 곳을 아시면 우리 부모님이 계신 대궐로 보내는 것이 어떻겠습니까?"

"좋소이다."

이에 금을 모아 산더미처럼 쌓아놓고, 용화산 사자사師子寺(전북 익산 미륵산의 사자암)의 지명 법사에게 가서 이것을 보낼 방법을 물으니 법사가 말했다.

"소승이 신통한 방법으로 보낼 터이니 금을 이리로 가져오시오."

그리하여 공주는 부모에게 보내는 편지와 함께 금을 사자사 앞에 갖다 놓았다. 법사는 신통한 힘으로 하룻밤 동안에 그 금을 신라 궁중으로 보냈다. 이에 진평왕은 그 신비스러운 변화를 이상히 여겨 서동을 다시 보게 되었고, 항상 편지를 보내어 안부를 물었다. 이로부터 서동은 인심을 얻어서 마침내 왕위에 올랐다.

어느 날 무왕이 부인과 함께 사자사에 가려는데, 용화산 밑 큰 연못가에 이르러 미륵 삼존이 연못 가운데서 출현하므로 수레를 멈추고 절을 올렸다. 그리고 부인이 왕에게 말했다.

"여기에 큰 사찰을 하나 지어주십시오, 제 소원입니다."

왕은 흔쾌하게 승낙했다. 그리고 지명 법사에게 가서 연못을 메울 방법을 물으니, 법사는 다시 신비스러운 술법을 써서 하룻밤 사이에 산을 헐어 연못을 메워 평지를 만들었다. 여기에 미륵 삼존의 상을 만들고 전殿과 동서에 붙여 지은 건물, 탑을 각

미륵입상(월악산)

미륵사지(익산)

각 세 곳에 세우고 절 이름을 미륵사彌勒寺(혹은 왕흥
사)라 했다. 이 소식을 들은 진평왕은 여러 장인들을
보내서 절 짓는 것을 도왔는데 지금까지 보존되어
있다.

성덕왕 때 순정공이 강릉 태수로 부임하는 도중에 바닷가에서 점심을 먹었다. 곁에는 돌 바위로 이루어진 산봉우리가 병풍과 같이 바다를 두르고 있어 그 높이가 천 길이나 되었다. 그 위에 철쭉꽃이 활짝 피어 있는데, 이것을 보고 공의 부인 수로가 사람들에게 말했다.

"내게 저 꽃을 꺾어줄 사람은 없는가?"

그러나 시종들이 말했다.

"저곳은 너무 험하여 보통 사람은 올라갈 수 없는 곳입니다."

수로부인(고사를 형용한 드래곤볼)

임해정 강원도 삼척시 증산동 해가사 터에 소재

　아무도 선뜻 나서지 못하고 있을 때, 한 늙은이가
암소를 끌고 길을 지나가던 중에 부인의 말을 듣고는
곧바로 올라가 꽃을 꺾어 가사까지 지어서 바쳤다. 그
러나 그 늙은이가 어떤 사람인지 알 수가 없었다.

　그 뒤에 이틀 동안 아무 일없이 가다가 또 임해정에
서 점심을 먹는데 갑자기 바다에서 용이 나타나더니
부인을 납치하여 순식간에 바닷속으로 들어갔다. 공
이 발을 구르면서 찾으려고 쫓아갔으나 그만 땅에 넘
어지고 말아서 구할 수가 없었다. 이때 갑자기 한 노

인이 나타나더니 말했다.

"옛사람의 말에 의하면 여러 사람의 말은 쇠도 녹인다 했으니, 바닷속의 용이라 한들 여러 사람의 입을 두려워하지 않겠습니까. 마땅히 경내의 백성들을 모아 함께 노래를 지어 부르면서 지팡이로 언덕을 치면 반드시 부인을 돌려줄 것입니다."

공이 그대로 하였더니 용이 부인을 데리고 나와 도로 바쳤다. 공이 바닷속에 들어갔던 일을 물으니 부인이 말했다.

"일곱 가지 보물로 장식한 궁전에 맛난 음식과 향기롭고 깨끗한 것이 세속과는 비교할 바가 아닙니다."

부인의 옷에서 나는 야릇한 향기는 이 세상의 것이 아니었다. 수로부인은 아름다운 용모가 세상에 뛰어나 깊은

海 歌
龜乎龜乎出水路
掠人婦女罪何極
汝若悖逆不出獻
入網捕掠燔之喫

거북아 거북아 수로를 내놓아라
남의 아내 앗은 죄 그 얼마나 큰가
네 만약 어기고 바치지 않으면
그물로 잡아서 구워 먹으리.

삼국유사, 권2 기이편 「수로부인」

해가 수로부인이 용왕에게 납치당하자 당시 여러 사람이 불렀던 노래

산이나 큰 연못을 지날 때마다 번번이 토착 신과 괴물에게 붙들려갔다.

당시 여러 사람이 바다를 향해 불렀던 노래의 가사는 이러했다.

거북아! 거북아! 수로부인을 내놓아라!
남의 부인 빼앗아 가면 그 죄가 얼마나 크냐.
네가 만일 거역하고 내놓지 않는다면,
그물로 잡아서 구워먹겠다.

노인의 〈헌화가〉는 이러했다.

자줏빛 바윗가에
끌고 가는 암소 놓고,
나 부끄러워하지 않으신다면,
저 꽃 꺾어 바치오리다.

분노를 춤으로 승화시킨 처용

제49대 헌강왕 때에는 신라 서라벌로부터 지방에 이르기까지 집과 담이 연이어져 있고, 초가집이 하나도 없었다. 풍악과 노랫소리가 길거리에 끊이지 않았고, 바람과 비는 사철 순조로웠다.

헌강왕릉

어느 날 대왕이 개운포에서 놀다가 돌아가려고 잠시 물가에서

개운포 표지석

쉬고 있었다. 이때는 대낮인데도 갑자기 구름과 안개가 자욱해서 길을 잃고 헤매게 되었다. 이를 괴상하게 여긴 왕은 좌우 신하들에게 물으니 일관이 아뢰었다.

"이것은 동해 용의 조화이오니 마땅히 좋은 일을 해서 풀어야 할 것입니다."

이에 왕은 일을 맡은 관원에게 명하여 용을 위하여 근처에 절을 세우게 했다. 왕이 명령을 내리자 곧 구름과 안개가 걷혔으므로 그곳을 개운포라 불렀다.

동해의 용은 기뻐하며 자신의 아들 일곱을 거느리고 나타나서 왕의 덕을 찬양하여 춤을 추고 음악을 연주했다. 그 중의 한 아들이 왕을 따라 서라벌로 들어가서 왕의 정사를 도우니 그의 이름을 처용處容이라 했다.

처용가비

왕은 아리따운 여자를 처용의 아내로 삼아 머물도록 하고 급간이라는 관직까지 주었다.

처용의 아내가 무척 아름다웠기 때문에 역신이 흠모해서 사람으로 변하여 밤에 그 집에 가서 남몰래 동침했다. 처용이 밖에서 자기 집에 돌아와 두 사람이 누워 있는 것을 보고는 〈처용가〉를 지어 부르고 춤을 추면서 물러나왔다. 그 노래는 이렇다.

서라벌 밝은 달에 밤늦게까지 노닐다가
집 들어와 누울 자리를 보니 가랑이가 넷일세.
둘은 내 아내 것이고 나머지 둘은 뉘 것인고.
본디 내 아내지만 이제 빼앗겼으니 어찌할꼬.

그때 역신이 본모습을 드러내서 처용 앞에 꿇어앉아 말했다.

"제가 공의 아내를 사모하여 이제 큰 잘못을 저질렀으나 공은 노여워하지 않으니 감동하여 아름답게 여기는 바입니다. 맹세코 이제부터는 공의 모습을 그린 것만 보아도 그 문 안에 들어가지 않겠습니다."

이 일로 말미암아 나라 사람들은 처용의 형상을 문에 그려 붙여서 사악한 귀신을 물리치고 경사스러운

일을 맞아들이게 되었다. 왕은 서라벌로 돌아오자 이
내 영취산 동쪽 기슭의 경치 좋은 곳을 가려서 절을
세우고 이름을 망해사望海寺라 했다. 또는 이 절을 신
방사라 했으니 이것은 용을 위해서 세운 것이다.

망해사

왕의 혼과 도화랑이 낳은
반인반신의 비형랑

사륜왕의 시호는 진지왕으로, 성은 김씨이고 576년
에 왕위에 올랐다. 왕비는 기오공의 딸 지도부인이다.
나라를 다스린 지 4년에 주색에 빠져 음란하고 정사
가 어지러워지자 나라 사람들은 그를 폐위시켰다.

폐위되기 전에 사량부 어떤 민가의 여인 하나가 얼
굴이 곱상하고 아름다워 당시 사람들은 도화랑이라
불렀다. 왕이 이 소
문을 듣고 궁중으
로 불러들여 강제
로 관계를 맺으려
고 하니 여인은 말
했다.

진지왕릉

"여자는 두 남편을 섬기지 않는 법입니다. 지금 저에게 남편이 있으니 비록 지엄한 제왕의 위엄을 가지고도 맘대로 안 될 것입니다."

"너를 처형시킨다면 어찌할 것이냐?"

"차라리 저잣거리에서 처형을 당하더라도 원치 않습니다."

아쉬운 마음이 든 왕은 이렇게 말했다.

"그러면 남편이 없으면 허락하겠는가?"

"네, 그때 가서 생각해 보겠습니다."

왕은 그를 놓아 보내주었는데, 이 해에 왕은 폐위되고 죽었다.

그 후 2년 만에 도화랑의 남편도 또한 죽었다. 남편이 죽은 지 10일이 지난 어느 날 밤중에 갑자기 왕이 살아생전의 모습으로 여인의 방에 나타나서 말했다.

"네가 옛날에 남편이 없으면 생각해 본다고 말한 적이 있지 않느냐, 이제 네 남편이 없으니 어떠하냐?"

여인이 쉽게 결정하지 않고 부모에게 먼저 아뢰니 그 부모가 대답했다.

"지엄하신 임금의 말씀인데 어떻게 마냥 피할 수만

있겠느냐?"

그리하여 딸이 왕과의 동침을 허락했다. 왕은 이레 동안 그 집에서 머물렀는데 오색구름이 집을 덮었고 향기는 방 안에 가득하였다. 이레 후에 왕이 갑자기 사라졌는데, 여인은 이내 태기가 있었다. 달이 차서 해산할 때에 천지가 진동했고, 곧 한 사내아이를 낳으니 이름은 비형鼻荊이었다.

진평왕이 그 이상한 소문을 듣고 아이를 궁중에 데려다가 기르고, 열다섯이 되던 해에 집사라는 벼슬을 주었다. 그런데 비형은 밤마다 멀리 달아나서 놀곤 하였다. 왕은 용감한 병사 50명을 시켜서 지키도록 했으나, 그는 언제나 월성을 날아 넘어가서 서쪽 황천 언덕 위에서 귀신들을 데리고 노는 것이었다. 병사들이 숲속에서 엿보았더니 귀신의 무리들이 주변 절에서 들려오는 새벽 종소리를 듣고 각각 흩어져 가버리면 그때서야 비형도 궁전으로 돌아왔다. 병사들은 이 사실을 왕에게 보고하니 왕은 비형을 불러서 말했다.

"네가 밤마다 귀신들을 데리고 노닌다는데 그게 사실인가?"

"그렇습니다."

"그러면 너는 그 귀신들을 데리고 신원사 북쪽 개천에 다리를 놓도록 해라."

비형은 왕명을 받들어 귀신들을 시켜서 하룻밤 사이에 큰 다리를 놓았다. 그 때문에 다리 이름을 귀신다리라고 했다. 왕은 또 물었다.

귀면 기와 도깨비를 형상화하여 나쁜 귀신을 쫓는 주술적 기능도 있다.

"귀신들 중에서 사람으로 모습을 드러내서 조정의 정사를 도울 만한 자가 있는가?"

"네, 길달이란 자가 있는데 정사를 도울 만합니다."

"그러면 한 번 데리고 오도록 하라."

이튿날 그를 데리고 와서 왕께 인사를 올리니 왕은 그에게 집사 벼슬을 주었다. 그는 과연 충성스럽고 정직하기가 비할 데 없었다. 이때 각간 임종이 아들이 없었으므로 왕명으로 길달을 그의 아들로 삼게 했다.

임종은 길달을 시켜 흥륜사 남쪽에 문루를 세우게
하고, 밤마다 그 문루 위에 가서 자도록 했다. 그러자
사람들은 그 문루를 길달문이라고 불렀다. 어느 날 길
달이 갑자기 여우로 변하여 도망갔다. 이에 비형은 귀
신들로 하여금 그를 잡아 죽이게 만들었다. 이 일을
계기로 귀신들은 비형의 이름만 들어도 두려워하여
달아났다. 당시 사람들은 글을 지어 말했다.

　　성스러운 왕의 넋이 강림하여 아들을 낳았으니,
　　비형랑이 바로 그 증거일세.
　　천방지축으로 날뛰는 귀신들은,
　　이곳에는 아예 얼씬거리지 말라.

　　시골 풍속에 이 글을 써 붙이면 귀신을 물리친다고
믿었다.

까마귀와 쥐 덕분에 간통을 발견하고
목숨을 부지한 소지왕

제21대 비처왕毗處王(소지왕)이 즉위한 지 10년 (488) 되던 해에 천천정에 행차했다. 이때 까마귀와 쥐가 와서 울더니 쥐가 사람처럼 말했다.

"이 까마귀가 가는 곳을 따라가 찾아보시오."

왕은 병사에게 명하여 까마귀를 뒤쫓게 하였는데, 남산 동쪽 기슭의 피촌 마을에 이르니 돼지 두 마리가 싸우고 있었다. 병사는 그 광경을 쳐다보다가 문득 까마귀가 날아간 곳을 잊어버리고 길에서 헤매고 있었다. 이때 한 노인이 연못 속에서 나와 글을 올렸는데, 그 글 겉봉에는 이렇게 씌어 있었다.

"이 글을 떼어보면 두 사람이 죽을 것이요, 떼어보지 않으면 한 사람이 죽을 것입니다."

병사가 돌아와 보고하니 왕이 말했다.

"두 사람을 죽게 하느니보다는 차라리 떼어보지 않아 한 사람만 죽게 하는 것이 낫겠다."

이때 일관(천문을 관측하고 길흉을 가리는 일을 맡아보던 관리)이 아뢰었다.

"두 사람이라 한 것은 서민이요, 한 사람이란 바로 왕을 지칭하는 것입니다."

왕이 그 말을 듣고 놀라서 글을 떼어보니 거문고 갑을 쏘라는 글이 적혀 있었다. 이에 왕은 곧 궁중으로 들어가 거문고 갑을 쏘니, 그 속에는 궁궐 내전에서 향불을 피우고 수도하는 승려가 궁주宮主와 은밀히 간통하고 있었다. 결국 두 사람을 사형에 처했다.

이로부터 나라 풍속에 해마다 정월 첫째 돼지·쥐·말날에는 모든 일에 조심하고, 함부로 움직이지 않았다. 그리고 보름을 오기일烏忌日이라 하여 찰밥을 지어 제사지냈는데 이런 일은 지금까지도 계속 행해지고 있다. 항간에서는 이것을 '달도怛忉'라고 하는데, 슬퍼하고 조심하며 모든 일을 삼간다는 뜻이다. 또 노인이 나온 연못을 서출지書出池라고 했다.

꿈속에서 허무한 사랑의 진실을 깨달은
조신

　옛날 서라벌 세규사世逵寺(흥교사)의 장원이 멀리 명주 날리군(영월)에 있었는데, 본사에서 승려 조신調信을 보내서 장원을 맡아 관리하게 했다.

　조신이 장원에 와서 태수 김흔공의 딸을 짝사랑하여 자주 낙산사 관음보살 앞에 나아가 몰래 그 여인과 살게 해달라고 빌었다. 그러나 몇 해가 지난 사이에 그 여인에게는 이미 배필이 생겼다. 그는 또 관음보살을 모신 불당에서 자기의 소원을 들어주지 않는다고 원망하며 날이 저물도록 슬피 울다가, 그리워하는 마음을 이기지 못하고 잠깐 잠이 들었다.

　꿈속에 갑자기 김공의 딸이 아주 기쁜 낯빛을 하고

문으로 들어와 활짝 웃으면서 말했다.

"저도 일찍이 스님을 잠깐 뵙고 마음속으로 사모하여 잠시도 잊지 못했습니다. 그러나 부모님의 분부에 못 이겨 억지로 딴 사람에게로 시집가게 되었습니다. 하지만 뒤늦게 후회스러워 이렇게 찾아왔는데, 당신의 아내가 되고 싶습니다."

이에 조신은 매우 기뻐하여 그녀와 함께 고향으로 돌아와 40여 년간 같이 살았다. 그 사이에 자녀 다섯을 두었는데 매우 가난하여 집에는 오직 네 벽만 있고, 간단한 음식마저도 제 때에 먹을 수가 없어서 몰골이 말이 아니었다. 이에 식구들을 이끌고 사방으로 다니면서 걸식하며 지냈다.

이렇게 10년 동안 초야로 돌아다니니 누더기 옷을 걸치고 찢어져 제대로 몸도 가릴 수 없는 처량한 신세로 전락했다. 때마침 명주 해현령을 지나는데 15세 되는 큰아이가 여러 날 음식을 먹지 못해 굶어죽자 대성통곡하면서 길가에 묻어주었다.

남은 네 식구를 데리고 그들 내외는 우곡현에 이르러 길가에 임시로 띳집을 짓고 살았다. 이때 내외는 늙고 병들었으며 굶주려서 제대로 일어나지도 못 하니 10세 된 계집아이가 밥을 걸식하여 연명하였다.

어느 날, 딸아이가 이웃 마을에 걸식 다니다가 개에게 물려서 돌아왔다. 참을 수 없이 아파하면서 집 앞에 와서 누워버리니 부모도 목이 메어 흐느끼고 눈물만 줄줄 흘렸다. 도저히 참지 못한 부인이 눈물을 씻더니 갑자기 말했다.

"제가 처음 그대를 만났을 때는 용모도 늠름하고 젊었으며 옷도 깨끗했었습니다. 단지 한 가지 음식만 있어도 그대와 맛있게 나누어 먹고, 옷 한 가지도 그대와 나누어 입으면서 집 나온 50년 동안에 후회하지 않았습니다. 그러니 그 친밀한 정과 굳건한 사랑은 참으로 전생부터 맺어온 두터운 인연의 결과라고 할 수 있습니다. 그러나 지금은 날로 쇠약해져서 병이 깊어지고 굶주림과 추위도 날로 더해지는데, 남의 집 곁방살이에 하찮은 음식조차도 빌어서 얻을 수가 없게 되었습니다. 또 이젠 문전걸식하는 부끄러움이 산과도 같이 무거워 견딜 수가 없습니다. 게다가 아이들이 추워하고 배고파해도 미처 돌봐주지 못하는데 어느 겨

를에 부부간의 애정을 계속 유지할 수가 있겠습니까? 붉은 얼굴과 예쁜 웃음도 풀 위의 이슬이요, 지초와 난초 같은 약속도 바람에 나부끼는 버들가지입니다. 이제 그대는 나 때문에 더욱 괴롭고 나는 그대 때문에 더 근심이 됩니다. 가만히 지난 일을 돌이켜 생각해 보니, 그것이 바로 우환의 시작이었습니다. 어찌하여 그대와 나의 신세가 이렇게 처량하게 되었습니까? 뭇 새가 다 함께 굶어죽는 것보다는 차라리 짝 잃은 난새 가 거울을 향하여 짝을 부르는 것만 못할 것입니다. 추우면 버리고 더우면 친한 것은 사람의 의리로 차마 할 수 없는 일이나, 나아가고 그치는 것은 사람의 힘 으로 되는 것이 아닙니다. 헤어지고 만나는 것도 운수 가 있으니, 우리 그 말을 따라 헤어지기로 합시다."

조신이 이 말을 듣고 크게 공감하고, 각각 아이 둘 씩 데리고 장차 떠나려 하는데 여인이 말했다.

"나는 고향으로 갈 테니, 당신은 남쪽으로 가십시오."

그리하여 서로 작별하고 길을 떠나려 하는데 꿈에 서 깨었다. 곁에 타다 남은 등잔불이 깜박거리고 밤도 이제 새려고 했다. 아침이 되니 수염과 머리털은 모두 희어졌고 망연자실하여 세상일에 전혀 뜻이 없어졌다. 고해 속에 살아가는 것도 싫어졌고 마치 한평생의 고생을 다 겪고 난 것과 같아 재물을 탐하는 마음도 얼음 녹듯이 깨끗이 없어졌다.

또한 관음보살의 상을 대하기가 부끄러워지고 잘못을 뉘우치는 마음을 참을 길이 없었다. 이에 그는 돌아와서 꿈에 해현에 묻은 아이를 파보니 그곳에는 바로 돌미륵이 있었다. 물로 깨끗이 씻어서 근처에 있는 절에 모시고 서울로 돌아가 장원을 맡은 책임을 내놓고 사재를 내서 정토사를 세워 부지런히 착한 일을 했다. 그 후에 어디서 세상을 마쳤는지 알 수가 없다.

미륵상

논평하는 자가 말했다.

"이 전기를 읽고 나서 책을 덮고 지나간 일을 돌이켜 생각해 보니 어찌 조신의 꿈만이 그렇겠느냐. 지금 모두가 속세의 즐거움만 알아 기뻐하고, 이를 천년만년 누릴 욕심에 발버둥치지만 이것은 다만 부질없는 욕심임을 깨달아야 한다."

이에 사詞를 지어 경계하노라.

잠시 유쾌한 마음으로 즐거웠는데,
어느새 근심 속에 늙어버렸네.
모름지기 좁쌀밥이 다 익기를 기다리지 말고,
인생이 덧없는 꿈과 같음을 깨달을 것을.
몸 다스리는 여부는 성의에 달려 있는데,
홀아비는 미인을 꿈꾸고 도둑은 재물 엿보네.
가을날 하룻밤 꿈만으로
어찌 한 순간에 청량한 세상에 이르리.

우연히 여의주를 얻어 사랑받던 사미승 묘정

   원성왕은 황룡사의 승려 지해를 대궐 안으로 청하여 《화엄경華嚴經》을 50일 동안 강의하게 했다. 이때 지해는 심부름할 *사미승 묘정을 데리고 입궐했는데, 묘정이 매번 금광정金光井 가에서 바리때(승려가 쓰는 밥그릇)를 씻을 때 자라 한 마리가 우물 속에서 떴다가는 다시 가라앉곤 하므로 늘 먹다 남은 밥을 자라에게 주면서 장난을 쳤다. 왕과 약속한 50일이 다 되어 갈 무렵 사미 묘정은 자라에게 말했다.

   "내가 너에게 오랫동안 은덕을 베풀었는데 무엇으

> 사미沙彌
> 불교에서 십계를 받고 구족계를 받기 위하여 수행하고 있는 어린 남자 승려.

로 보답하려는가?"

　며칠 후에 그 자라는 조그만 구슬 한 개를 입에서
토하더니 묘정에게 주었다. 묘정은 그 구슬을 허리띠
끝에 달았다. 그 후로부터 대왕은 묘정을 보면 사랑하
고 소중히 여겨 자기 곁에서 떠나지 못하게 했다.

　그러던 어느 날 잡간 한 사람이 당나라에 사신으로
가게 되었는데, 그도 묘정을 어여삐 여겨 같이 가기를
청하자 왕이 허락했다. 이들이 함께 당나라에 들어가
니 황제 역시 묘정을 보자 매우 사랑하게 되고 승상과

여의주를 물고 있는 은하사 범종루 장식
사찰마다 범종루에는 용이 물고 있는 여의주를 형상화함.

좌우 신하들도 모두 그를 존경하고 신뢰했다. 이때 관상 보는 사람 하나가 황제에게 아뢰었다.

"사미승을 살펴보니 하나도 길한 상이 없는데 남에게 신뢰와 존경을 받으니 틀림없이 신비한 물건을 가졌을 것입니다."

황제가 사람을 시켜서 몸을 뒤져보니 허리띠 끝에 조그만 구슬이 매달려 있었다. 황제가 말했다.

"과인에게 *여의주如意珠 네 개가 있었는데 지난해에 한 개를 잃어버렸다. 이제 이 구슬을 보니 과인이 잃은 그 구슬이 맞다."

> 여의주
> 용의 턱 아래나 용의 뇌 속에 있다는 신비로운 구슬. 갖은 조화를 부릴 수 있고 사람이 마음먹은 대로 성취시켜준다고 전해진다.

황제가 묘정에게 구슬을 얻게 된 연유를 물으니 사실대로 고백했다. 황제가 생각하니 구슬을 잃어버렸던 날짜가 묘정이 구슬을 얻은 날과 똑같았다. 황제가 그 구슬을 도로 빼앗아 두고 묘정을 돌려보냈다. 그 이후로는 아무도 묘정을 사랑하지도 않고 신뢰하지도 않았다.

원성왕의 능은 토함산 서쪽 동곡사(숭복사)에 있는
데 최치원이 지은 비문이 있다. 왕은 또 보은사와 망
덕루를 세웠다.

숭복사 쌍거북 비석받침
원성왕 명복을 비는 원찰

최치원 동상

호랑이 처녀를 사랑한 김현

　신라 풍속에 해마다 2월이 되면 초파일에서 보름까지 서울의 남녀가 다투어 흥륜사의 전탑을 돌면서 복을 비는 모임을 가졌다.

　원성왕 때에 김현이라는 사람이 밤이 깊도록 혼자서 탑을 돌기를 쉬지 않았다. 그때 한 처녀가 염불을 하면서 따라 돌다가 서로 마음이 맞아 눈빛을 주고받더니 탑돌이를 마치자마자 으슥한 곳을 찾아서 정을 통하였다. 일을 마치고 처녀가 돌아가려 하자 김현이 따라가니 처녀는 극구 사양하고 거절했지만 김현은 억지로 따라갔다. 처녀는 서산 기슭에 이르러서 한 초가집으로 들어가니 늙은 할머니가 처녀를 맞이하며 물었다.

"더불어 온 낭군은 누구시냐?"

처녀가 사실대로 말하자 늙은 할머니는 말했다.

"아무리 좋은 일이라도 없는 것만 못 하지만 이미 저지른 일이어서 나무랄 수도 없으니 은밀한 곳에 숨겨라. 네 오빠들이 알면 무슨 나쁜 짓을 할지 두렵다."

그리고 김현을 구석진 곳에 숨겼다. 조금 뒤에 세 마리 범이 으르렁거리며 들어와 사람처럼 말했다.

"집에서 비린내가 나네. 요깃거리가 있는 것 같으니 다행이다."

늙은 할머니와 처녀가 꾸짖었다.

"무슨 헛소리를 하느냐? 너희가 잘못 냄새를 맡은 것이다."

호랑이 민화 한국인에게 호랑이는 맹수만이 아닌 친숙한 존재임.

이때 하늘에서 쩌렁쩌렁 외치는 소리가 들렸다.

"니희들이 즐겨 생명을 해치는 짓이 헤아릴 수 없으니, 마땅히 한 놈을 죽여 악을 징계하겠다."

세 호랑이가 이 소리를 듣자마자 모두 근심에 빠졌다. 이에 처녀 호랑이가 말했다.

"세 분 오빠께서 만약 멀리 피해 가서 스스로 자숙하신다면 내가 대신 벌을 받겠습니다."

이 말을 들은 세 호랑이는 모두 기뻐하여 고개를 숙이고 꼬리를 치며 달아나 버렸다. 처녀 호랑이가 들어와 김현에게 말했다.

"처음에 저는 낭군이 우리 집에 오시는 것이 부끄러워 짐짓 사양하고 거절했습니다. 그러나 이제는 숨김없이 감히 진심을 말씀드리겠습니다. 또 저와 낭군은 비록 종족은 다르지만 하루 저녁의 즐거움을 얻어 깊은 부부의 인연을 맺었습니다. 세 오빠의 악함은 하늘이 이미 미워하시니 한 집안의 재앙을 제가 당하려 하오나, 생판 모르는 사람의 손에 죽는 것보다는 낭군의 칼날에 죽어서 은덕을 갚고자 합니다. 제가 내일 시가지로 들어가 사람들을 해치면 백성들은 저를 어찌할지 모르고 당황할 것입니다. 그러면 반드시 임금께서 높은 벼슬을 걸고 용사를 모집하여 저를 잡게 할 것입니다. 그때 낭군은 겁내지 말고 저를 쫓아 성 북쪽의 숲속까지 오시면 제가 기다리고 있겠습니다."

"대개 사람끼리 사귐은 인륜의 도리이고, 다른 종족과의 사귐은 떳떳하게 내세울 만한 일이 아니오. 그러나 일이 기왕 이렇게 되었으니 진실로 하늘이 정해준 인연이라 할 수 있소. 그런데 어찌 나만을 위해 배필의 죽음을 팔아 한 세상의 벼슬을 바라겠소."

"낭군은 그런 말씀을 하지 마십시오. 이제 제가 일찍 죽는 것은 하늘의 명령이며, 또한 저의 소원이요, 낭군의 경사이며, 우리 일족의 복이요, 백성들의 기쁨입니다. 한 번 죽어 다섯 가지 이로움을 얻을 수 있는 터에 어찌 그것을 마다하겠습니까. 단지 저를 위하여 절을 짓고 불경을 강론하여 좋은 과보를 얻는데 도움이 되게 해주십시오. 그러면 낭군의 은혜는 이보다 더 큰 것이 없겠습니다."

그들은 마침내 서로 울면서 작별했다. 다음날 과연 사나운 호랑이가 성 안에 들어와서 사람들을 해치니 감히 당해낼 수 없었다. 원성왕이 듣고 명을 내렸다.

"범을 잡는 사람에게 2등급의 벼슬을 내리겠다."

김현이 대궐에 나아가 아뢰었다.

"소신이 잡겠습니다."

왕은 먼저 벼슬을 주고 격려하였다. 김현이 칼을 쥐고 숲속으로 들어가니 호랑이는 낭자의 모습으로 변하여 반갑게 웃으면서 맞이했다.

"어젯밤에 낭군과 마음속 깊이 이야기했던 것을 잊지 마십시오. 오늘 내 발톱에 상처를 입은 사람들은 모두 흥륜사의 간장을 바르고 그 절의 나발 소리를 들으면 나을 것입니다."

그리고는 김현의 칼을 뽑아 스스로 목을 찔러 죽었다. 이에 김현이 숲속에서 나와서 사람들에게 말했다.

"내가 호랑이를 잡아 죽였다."

하지만 자세한 연유를 숨기고 호랑이에게 다친 사람들의 상처를 시킨 대로 치료해 주었다. 당시에 민가에서는 호랑이에게 상처를 입으면 그 방법을 썼다.

김현은 벼슬에 오르자 서천 가에 절을 지어 호원사라 하고 항상 *《범망경 梵網經》을 강론하여 호랑이 처

녀의 저승길을 인도했
다. 또한 호랑이가 제
몸을 죽여 자기를 성
공하게 해준 은혜에
보답했다.

호원사 터 지금은 민가의 장독대가 됨.

《범망경梵網經》
여러 부처가 중생을 빠짐없이 구제
한다는 뜻을 지닌 불교 대승 경전.

김현은 죽을 때에 지
나간 일의 기이함에
깊이 감동하여, 이를
붓으로 적어 세상에
알리고 그 글을 〈논호림論虎林〉이라 했는데 지금까지
도 그렇게 불린다. 호랑이 처녀를 기려서 찬양하나니,

범망경

산가山家의 세 호랑이 오라비 죄악이 많아,
누이가 대신 벌 받기로 승낙했네.
다섯 가지 의로움에 초개와 같이 죽음을 선택하고,
숲속에서 떨어지는 꽃잎처럼 사라졌도다.

호림정 경주 황성공원 주변

서해 용왕의 딸과 결혼한 거타지

진성여왕 때의 아찬 양패는 왕의 막내아들이었다. 당나라에 사신으로 갈 때에 후백제의 해적들이 진도에서 길을 막는다는 말을 듣고 활 쏘는 궁수 50명을 뽑아 따르게 했다. 배가 곡도(지금의 백령도)에 이르니 풍랑이 크게 일어 열흘 가량 묵게 되었다. 양패공은 이를 근심하여 사람을 시켜 점을 치게 했다.

"섬에 신비스러운 못이 있으니 그곳에서 제사를

활쏘는 화랑

지내면 좋겠습니다."

이에 못 위에 제물을 차려 놓자 못물이 한 길이나 넘게 치솟았다. 그날 밤, 양패공의 꿈에 노인이 나타나서 말했다.

"활을 잘 쏘는 궁수 하나를 이 섬 안에 남겨두면 순풍을 얻을 것이오."

양패공이 깨어 그 일을 좌우에게 물었다.

"어떤 궁수를 남겨두는 것이 좋겠소"

여러 사람이 말했다.

"나무 조각 50개에다 궁수들의 이름을 써서 가장 먼저 물에 가라앉는 사람을 남게 하면 될 것입니다."

공은 이 말을 좇아서 제비를 뽑았다. 이때 군사 중에 거타지의 이름이 가장 먼저 물에 잠겼으므로 그를 남겨두었더니 드디어 순풍이 불어서 배는 거침없이 잘 나갔다. 거타지는 조신하게 섬 위에 서 있는데 갑자기 노인 하나가 못 속에서 나오더니 말했다.

"나는 서해바다의 신인 서해약이오. 승려 하나가 해가 뜰 때면 늘 하늘로부터 내려와 *다라니의 주문을 외면서 이 연못가를 세 번 돌면 우리 부부와 자손

들이 물 위에 뜨게 되
오. 그러면 승려가 내
자손들의 간을 빼어
먹었소. 이제는 오직
우리 부부와 딸 하나

ｃ ｃ ｃ ｃ ｃ ｃ ｃ ｃ ｃ ｃ
다라니陀羅尼
범문을 번역하지 아니하고 음을
그대로 외는 일 자체에 무궁한 뜻
이 있어, 이를 외는 사람은 한없는
기억력을 얻고 재액에서 벗어나는
등 많은 공덕을 받는다고 함.

만이 남아 있는데, 내일 아침에 그 승려가 오면 그대
는 활로 쏘아주시오."

거타지가 말했다.

"활 쏘는 일이라면 저의 장기이니 명령대로 하겠습
니다."

노인은 고맙다는 인사를 하고 물속으로 들어가고
거타지는 몰래 숨어서 기다렸다. 다음날 동쪽에서 해
가 뜨자 과연 승려가 오더니 노인이 말한 대로 주문을
외면서 늙은 용의 간을 빼먹으려 했다. 이때 거타지가
활을 쏘아 맞히니 승려는 이내 늙은 여우로 변하여 땅
에 쓰러져 죽었다. 이에 노인이 나와 그 공을 치사하
였다.

"공의 은덕으로 내 생명을 보전하게 되었으니 내
딸을 공의 아내로 드리겠소."

"따님을 저에게 주시고 저를 저버리지 않는다면 참으로 황송할 따름입니다."

노인은 그 딸을 한 가지의 꽃으로 변하게 해서 거타지의 품속에 넣어주고, 두 용에게 명하여 거타지를 모시고 사신의 배를 따라 그 배를 호위하여 당나라에 들어가도록 했다. 당나라 사람은 신라 사신의 배를 용두 마리가 호위하고 있는 것을 보고 이 사실을 황제에게 아뢰니, 황제가 말했다.

"신라의 사신은 필경 비범한 인물일 것이다."

이에 잔치를 베풀어 여러 신하들의 윗자리에 앉히고 금과 비단을 후하게 주었다. 본국으로 돌아오자 거타지는 꽃가지를 내어 여자로 변하게 하여 함께 행복하게 살았다.

용머리

언니가 꾼 꿈을 사 왕비가 된 문희

문희와 보희는 김유신의 누이들이다. 어느 날 언니인 보희가 꿈에 서쪽 산에 올라가서 오줌을 누는데 오줌이 서라벌 안에 가득했다. 다음날 아침에 동생에게 꿈 이야기를 하자 문희가 보희에게 말했다.

"그 꿈을 내게 파시오."

"무엇으로 사려 하느냐?"

"비단 치마를 주면 되겠지요."

"그렇게 하자."

동생이 옷깃을 벌리고 받으려 하자 언니가 말했다.

"어젯밤 꿈을 네게 준다."

이에 동생은 비단 치마로 값을 치렀다. 그런 지 열흘이 지난 정월 보름날에 김춘추는 유신의 집 앞에서 공을 찼다. 이때 유신은 일부러 춘추의 옷을 밟아서 옷고름을 떨어뜨리게 하고 말했다.

"저희 집에 들어가서 옷고름을 달도록 합시다."

춘추공은 그 말을 따랐다. 유신이 보희를 보고 옷을 꿰매드리라 하니 보희는 사양하면서 말했다.

"어떻게 그런 사소한 일로 해서 가벼이 귀공자와 가까이 한단 말입니까."

이에 유신은 문희에게 대신 시켰다. 춘추공은 유신의 뜻을 알고 드디어 문희와 정을 통하고 이로부터 자주 왕래했다. 유신은 그 누이가 임신한 것을 알고 짐짓 꾸짖었다.

"너는 부모님도 모르게 임신을 하였으니 이 무슨 해괴망측한 일이냐?"

그리고는 온 나라 안에 누이를 불태워 죽인다고 소문을 냈다. 어느 날 선덕여왕이 남산에 거동한 틈을 타서 유신은 마당 가운데 나무를 쌓아 놓고 불을 질렀다. 연기가 일어나자 여왕이 바라보고 무슨 연기냐고 물으니 좌우의 신하들이 말했다.

"유신이 누이동생을 불태워 죽이려나 봅니다."

여왕이 그 까닭을 물으니, 그의 누이동생이 남편도 없이 임신한 때문이라고 했다. 왕은 그게 누구 소행이냐고 물었다. 이때 춘추공은 왕을 모시고 앞에 있다가 얼굴빛이 몹시 변했다. 그 모습을 본 여왕은 알아채고 말했다.

"자네의 소행인 듯하니 서둘러 구하도록 하라."

춘추공은 말을 달려 문희를 죽이지 말라는 왕명을 전하고, 얼마 후에 정식으로 허락을 받아 혼례를 올렸다. 654년에 진덕여왕이 세상을 떠나자 춘추공이 왕위에 올랐다. 태자 법민과 각간 벼슬을 지냈던 인문·문왕·노단·지경·개원 등은 모두 문희 소생의 아들들이었으니 과거에 꿈을 샀던 징조가 여기에 나타난 것이다. 서자로는 벼슬이 급벌찬이었던 개지문과 국상을 지냈던 거득, 아찬을 지냈던 마득이 있고 딸까지 합치면 모두 다섯 명이다.

원효 스님과 요석공주의 아들 설총

일찍이 원효 스님은 미치광이처럼 거리에서 다음과 같이 노래를 불렀다.

누가 자루 없는 도끼를 내게 빌려주겠는가.
나는 하늘 떠받칠 기둥을 찍으련다.

사람들이 아무도 그 노래의 뜻을 알지 못했다. 이때 태종이 이 노래를 듣고 말했다.

"이 스님은 필경 귀부인을 얻어서 훌륭한 아들을 낳고 싶어 하는구나. 이 나라에 큰 현인이 태어난다면 이보다 큰 경사는 없을 것이다."

이때 요석궁에 과부 공주가 있었는데 왕이 궁리에게 명하여 원효를 찾아 데려가라 했다. 궁리가 명령을 받들어 원효를 찾으니, 그는 이미 남산에서 내려와 문천교를 지나다가 만났다. 이때 원효는 일부러 물속에 빠져서 옷을 적셨다. 궁리가 원효를 요석궁에 데리고 가서 옷을 말리고 그곳에 쉬면서 머물게 했다.

얼마 후, 공주는 과연 태기가 있더니 설총을 낳았다. 설총은 나면서부터 지혜롭고 민첩하여 경서와 역사에 널리 통달하니 신라 10현 중의 한 사람이다. 그리고 이두문자를 만들어 중국말로만 표현되던 중국과 오랑캐의 풍속과 물건 이름 등을 우리 식으로 전할 수 있게 하였다. 또한 육경과 문학을 가르치고 해석했으니, 과거시험을 보고 경서를 연구하여 가르치는 자들이 전수받아서 그 맥이 끊이지 않았다.

제5장

불법을 일으킨
고승들의 이야기

순도 고구려에 불법을 전파하다

〈고구려본기〉에 이런 기록이 있다.

"소수림왕이 즉위한 2년(372)은 곧 동진 함안 2년이니, 효무제가 즉위한 해이다. 전진의 부견이 사신과 승려 순도順道를 시켜서 불상과 경문을 보내고, 또 374년에는 아도가 동진에서 왔다. 다음 해 2월에 초문사肖門寺를 세워 순도를 거기에 두고 또 이불난사伊弗蘭寺를 세워 아도가 있게 하니, 이것이 고구려에서 불법이 일어난 시초이다."

마라난타
백제에서 처음으로 불법을 펴다

《백제본기百濟本記》에 이런 기록이 있다.

"제15대 침류왕枕流王이 즉위한 384년에 서역 승려 마라난타摩羅難陀가 동진에서 오자 그를 맞아서 궁중에 두고 예로 공경했다."

영암 불갑사(마라난타가 세운 사찰)

백제 불교 도래지(영암 법성포)

다음 해에 새 도읍인 한산주에 절을 세우고 승려 열 사람을 두었으니 이것이 백제 불법의 시초이다.

또 아신왕이 즉위한 392년 2월에 영을 내려 불법을 숭상하고 믿어서 복을 구하라고 했다.

마라난타를 찬양하나니,

하늘이 처음 조화를 부릴 때에,
대개 그 솜씨 보기가 어렵다네.
늙은이들이 스스로 노래 부르고 춤을 추니,
곁 사람은 이끌려서 안목이 트였다네.

아도 신라 불교의 기초를 마련하다

아도는 고구려 사람이다. 어머
니의 이름은 고도령, 정시 연간
(240~248)에 조위 사람 아굴마가
고구려에 사신으로 왔다가 고도
령과 정을 통하고 돌아갔는데 이
로 인하여 아기를 가지게 되었다.
아도가 다섯 살이 되던 해에 어머
니는 그를 출가시켰다. 그의 나이
열여섯에 위나라에 가서 아굴마
를 뵙고 현창 화상에게 불법을 배
우고 열아홉 살에 돌아와 어머니
를 뵙자 그녀가 말했다.

아도 화상

흥륜사 범종

흥륜사 대웅전 아도 화상이 창건한 사찰

"지금 고구려는 불법을 모르지만 장래에 3천여 달이 지나면 신라에서 성왕이 출현하여 불교를 크게 일으킬 것이다. 그 나라 서울 안에 일곱 곳의 절터가 있으니, 하나는 금교 동쪽의 천경림(흥륜사)이요, 둘은 삼천의 갈래(영흥사 일대)요, 셋은 용궁의 남쪽(황룡사)이요, 넷은 용궁의 북쪽(분황사)이요, 다섯은 사천의 끝(영묘사)이요, 여섯은 신유림(천왕사)이요, 일곱은 서청전(담엄사)이다. 이곳은 모두 석가모니 이전 때의 절터이니 불법이 장래에 길이 전해질 곳이다. 네가 그곳으로 가서 불교를 전파하면 너는 그 땅 불교의 첫

조사(祖師)가 될 것이다."

아도는 어머니의 가르침에 따라 신라의 왕성 서쪽 마을에 살았는데 곧 지금의 엄장사이며, 그 시기는 미추왕 즉위 2년(263)이었다. 아도가 대궐로 들어가 불법 전하기를 청하니, 그때 그곳에선 한 번도 들어보지 못하던 것임으로 꺼리고 심지어는 죽이려는 자까지 생겼다. 이에 속림(지금의 일선현) 모록의 집으로 도피하여 숨어 지냈다.

미추왕 3년에 성국공주가 병이 났는데, 무당과 의원의 효험도 없으므로 사람을 사방으로 보내 백방으로 용한 의원을 구했다. 이때 법사가 갑자기 대궐로 들어가 드디어 그 병을 고쳐주니 왕은 크게 기뻐하여 그의 소원을 묻자 법사는 대답했다.

"빈도는 다른 것은 없고, 단지 천경림에 절을 세워서 크게 불교를 일으켜 국가의 복을 빌기를 바랄 뿐입니다."

이에 왕은 허락하여 공사하도록 명령했다. 그때의 풍속은 질박하고 검소하여 법사는 띳집을 짓고 그곳에 살면서 강연하니, 이때 하늘에서 꽃이 땅에 떨어졌다. 그곳을 흥륜사라고 했다. 모록의 누이동생은 사씨인데 법사를 따라 승려가 되어, 삼천三川 갈래에 절을 세우고 살았다. 그 절 이름은 영흥사이다.

얼마 후 미추왕이 세상을 떠나자 나라 사람들이 그를 해치려 하므로, 모록의 집으로 돌아가서 스스로 무덤을 만들고 그 속에서 살면서 세속과의 인연을 끊었다. 이 때문에 불교 또한 황폐해졌다.

제23대 법흥왕이 514년에 왕위에 올라 다시 불교를 일으키니, 미추왕 계미년(263)에서 252년이나 시간이 지난 뒤였다. 고도령이 예언한 3천여 달이 맞았다 할 것이다.

이에 아도 화상을 찬양하나니,

금교金橋에 눈이 소복이 쌓이고 얼은 냇물은 녹지 않았으니,
계림의 봄은 아직 찾아오지 않았네.
그러나 사랑스런 봄의 신은 재주도 많아서,
먼저 모랑의 집 매화나무에 꽃이 피게 했네.

법흥왕 불법을 일으키고
이차돈 순교하다

법흥왕이 즉위한 14년(527)에 신하 이차돈異次頓이 불법을 위해서 살신성인하니 그때에 서천축의 달마 대사가 중국의 금릉(남경)으로 불법을 전하러 온 해였

법흥왕릉

다. 이 해에 낭지 법사가 또한 영 취산에 살면서 불법을 설법하는 도량을 열었다. 이를 살펴보면 불교의 흥하고 쇠하는 것도 반

이차돈 순교비 이차돈의 순교 장면이 조각되어 있다. 즉 땅이 진
동하고 꽃비가 내리는 가운데 잘린 목에서는 흰 피가 솟아오르는
장면이 좁은 육각 석면에 간결하게 표현됨.

드시 서로 감응했기 때문에 중국과 신라에서 같은 시
기에 불법이 일어난 것을 알 수 있다.

원화 연간(806~820)에 남간사의 승려 일념이 〈촉
향분례불결사문〉을 지어 그 안에 이런 사실이 자세히
적어 놓았는데, 그 개략적인 내용은 이렇다.

예전에 법흥왕이 자극전에서 왕위에 올랐을 때에
동쪽 지역을 살펴보고 말했다.

"과거 한나라 명제가 꿈에 감응되어 불법이 동쪽으
로 전해졌다. 과인도 왕위에 오른 뒤로 백성들을 위해

복을 닦고 죄를 없앨 사찰을 마련하려 한다."

그러나 신하들은 왕의 뜻을 따르지 아니했다. 이때 사인의 직책을 맡고 있었던 22세의 젊은 신하 이차돈이 왕의 얼굴을 쳐다보고는 그 심정을 알아채고 이렇게 말했다.

"나라를 위해 몸을 희생하는 것은 신하로서의 큰 절개이고, 임금을 위해 목숨을 바치는 것은 백성의 곧은 의리입니다. 소신이 왕명을 따르지 않았다고 그 죄를 물어 일벌백계의 처벌을 내리시면 모든 신하들이 왕명의 지엄함에 굴복하여 왕의 말씀을 거스르지 못할 것입니다."

"과인의 뜻은 사람들을 이롭게 하는 것인데, 어찌 아무런 죄가 없는 너를 죽이겠느냐!"

"세상에서 가장 버리기 어려운 것 중에 목숨보다 더한 것은 없습니다. 그러나 소신이 저녁에 죽어서 다음날 아침에 불교가 행해져 태양처럼 밝은 부처님의 법이 다시 우리나라에 비추고, 대왕께서 평안하신다면 기꺼이 목숨을 바칠 수 있습니다."

"봉황과 난새의 새끼는 어려서부터 하늘을 솟아오

를 마음을 가지고, 큰 기러기나 고니의 새끼는 나면서부터 험한 물결을 헤치고 나아갈 기세를 품었다고 했는데, 그대야말로 참으로 불보살의 자비심과 행실을 간직하고 있도다."

대왕은 일부러 위엄을 차리고, 서슬이 시퍼런 형벌 기구를 갖다놓고 뭇 신하를 불러 모은 후 말했다.

"과인이 사찰을 세우려고 하는데 경들은 일부러 지체시키고 따르지 않았다. 내 오늘 그 죄를 묻겠다."

이에 뭇 신하들이 전전긍긍하면서 황급히 다른 사람을 손으로 가리키며 서로 책임을 회피하려고 했다. 왕은 이차돈을 불러 꾸짖었다. 이차돈이 짐짓 놀라는 척하며 아무런 답변을 하지 않았다. 대왕이 크게 노하는 척하면서 그를 죽이라고 명령을 내렸다.

이차돈의 목을 베자 흰 젖이 한 길이나 솟아올랐다. 때마침 사방이 어두워져 빛을 감추고 땅이 진동하면서 빗방울이 꽃인 양 나부끼며 떨어졌다. 임금은 속으로 매우 애통해하면서 눈물로 곤룡포를 적셨고 여러 신하들은 두려워서 이마에 진땀을 계속 흘렸다. 샘물이 갑자기 말라서 물고기와 자라가 서로 다투어 뛰고,

곧은 나무가 저절로 꺾어지니 원숭이들이 떼를 지어 울었다. 얼마 후 모두들 이차돈의 죽음을 애석해하며 이렇게 말했다.

"춘추시대 때 임금을 위해 개자추가 다리의 살을 벤 일도 이차돈의 뼈아픈 절개에 비할 바가 못 되고, 홍연이 임금을 위해서 배를 가른 것도 이차돈의 장렬한 뜻에 견줄 수 없다. 그로 인하여 대왕의 불심을 붙들고, 아도가 염원하던 전법을 성취시킨 것이니 참으로 성스러운 희생이었다."

드디어 북산 서쪽 고개에 장사지내고, 이차돈의 안사람이 슬퍼하여 좋은 터를 가려서 절을 짓고 이름을 자추사(지금의 백률사)라

고 했다. 이때부터 어떤 집이든 부처를 섬기고 지극히 불공을 드리면 대대로 영화롭게 되었고, 사람마다 간절하게 불법을 원하면 그 이치의 참뜻을 깨닫게 되었다.

백률사 이차돈 순교를 기리기 위해 세운 사찰

자장 계율을 정하다

대덕 자장 율사는 김씨이니 본래 신라의 진골로 소판 벼슬을 지냈던 무림의 아들이다. 자장은 해동 작은 나라에 태어난 것을 탄식하고 중국으로 가서 불교의 진수를 구하길 원했다. 드디어 636년에 왕명

자장 율사 진영

을 받아 제자 실實 등 승려 10여 명과 함께 당나라로 가서 청량산으로 들어갔다. 이 산에는 문수보살의 소상이 있는데, 그 나라 사람들이 서로 전해 말했다.

"제석천이 직접 장인을 데리고 와서 조각해 만든 것이다."

자장은 소상 앞에서 기도하고 명상하니, 꿈에 소상이 그의 이마를 만지면서 범어(고대 인도어)로 된 게偈를 주었는데 깨어 생각하니 알 수가 없었다. 다음날 아침 이상한 스님이 와서 해석해 주면서 말했다.

　"비록 만 가지의 가르침을 배운다고 해도 이보다 더 나은 것은 없다."

　그리고 가사와 사리 등을 주고 사라졌다. 자장은 이미 문수보살이 장차 자신의 성불을 예언했음을 알고, 북대에서 내려와 태화지에 이르러 당나라 서울에 들어가니 태종이 칙사를 보내어 그를 위로하고 승광별원에 거처하도록 했다.

　643년에 신라 선덕여왕이 글을 올려 자장을 돌려보내주기를 청하니 태종은 이를 허락하고 그를 궁중으로 불러들여 비단옷 1벌과 여러 가지 비단 500필을 하사했으며, 또 태자도 비단 200필과 그 밖의 예물을 많이 주었다.

　자장은 신라에 아직 불경과 불상이 구비되지 못했기 때문에 대장경 1부와 불전을 장식하는데 쓰이는 여러 가지 깃발과 꽃으로 장식한 일산의 뚜껑 등 복이 되고 이로울 만한 것을 청해서 모두 싣고 돌아왔다. 그가 귀국하자 온 나라 사람들이 환영하고 왕은 그를 분황사에 있게 하여, 쓸 물자를 넉넉히 주고 치밀하게 호위했다.

어느 해 여름에 왕이 궁중으로 청하여 《대승론》을 강의하게 하고 또 황룡사에서 〈보살계본〉을 7일 밤낮 동안 강연하게 하니, 하늘에서는 단비가 내리고 구름과 안개가 자욱하게 끼어 강당을 덮었다. 이것을 보고 사중(비구 · 비구니 · 우바새 · 우바이)이 모두 그의 신통함에 탄복했다. 이 무렵 조정에서 의논했다.

"불교가 우리 동방에 전해진 지 오래되었지만 불법을 닦고 받는 규범이 없으니, 이것을 통괄해서 다스리지 않고는 바로잡을 수가 없다."

이에 왕이 자장을 대국통으로 삼아 승려들의 모든 규범을 위임하여 주관하게 했다. 자장이 이 기회를 만나 용감히 나가서 불교를 널리 퍼뜨렸다. 그는 승려와 비구니의 5부에 각각 구학舊學을 더 증가시키고 15일마다 계율을 설명하였다. 그리고 겨울과 봄에는 시험을 치러서 계율을 지키고 어기는 것에 관한 규범을 알게 하고, 관원을 두어서 이를 유지해 나가게 했다.

통도사 금강계단 부처님 진신사리가 모셔져 있다.

　또 순사를 보내어 서울 밖에 있는 사찰들을 조사하여 승려들의 과실을 징계하고 불경과 불상을 엄중하게 정비하여 일정한 법식으로 삼았으니, 한 시대에 불법을 보호하는 것이 이때에 가장 성했다. 당시 나라 사람으로서 계를 받고 불법을 받든 이가 열 집에 여덟, 아홉은 되었다. 머리를 깎고 승려가 되기를 청하는 이가 세월이 갈수록 더욱 늘어났다. 이에 통도사를 세우고 계단을 쌓아 사방에서 오는 사람들을 받아들였다.

또 자기가 난 집을 원녕사(법흥사)로 고치고 낙성회를 베풀어 《화엄경》 1만 게송을 강의하니 저승과 이승에서 모여든 52종류의 중생이 감동하여 모습을 드러내서 강의를 들었다. 문인에게 그들의 나무를 그 수효만큼 심게 하여 신비스런 자취를 나타내게 하고 그 나무 이름을 '지식수'라고 했다.

자장은 일찍이 신라의 복식이 중국과 같지 않았기 때문에 조정에 건의하여 중국의 의관과 연호를 도입하였고, 이로 말미암아 중국에 사신단을 보내면 그 반열이 다른 이방의 제후국 중에 가장 윗자리를 차지하

법흥사 적멸보궁

게 되었는데, 이는 자장의 공로였다.

대체로 자장이 세운 절과 탑이 10여 곳인데, 세울 때마다 반드시 이상스러운 상서로움이 있었기 때문에 그를 받드는 착한 남자들이 거리를 메울 만큼 많아서 며칠이 안 되어 완성했다. 자장이 쓰던 도구 · 옷감 · 버선과 태화지의 용이 바친 목압침(나무로 만든 오리 베개)과 석가세존의 가사들은 모두 통도사에 있다. 또 헌양현(지금의 언양)에 압유사가 있는데, 목압침의 오리가 일찍이 이곳에서 나타나서 유래된 이름이다. 또 원승이란 스님이 있는데 자장보다 먼저 중국에 유학 갔다가 함께 고향에 돌아와서 자장을 도와 율부를 넓게 폈다고 한다. 그를 찬양하나니,

일찍이 청량산에 가 꿈 깨고 돌아오니
불제자와 율법이 일시에 열렸네.
승려와 속인들의 옷을 부끄럽게 여기어
신라의 의관을 중국과 같이 만들었네.

원효 대중 포교에 앞장서다

원효 대사의 속성은 설씨이
다. 조부는 잉피공 또는 적대
공이라고도 하는데, 지금 적대
연 옆에 그의 사당이 있다. 아
버지는 내말 벼슬을 지낸 담날
이었다. 원효는 처음에 압량군
의 남쪽(지금의 장산군) 불지촌
북쪽 율곡의 사라수娑羅樹 밑

원효 선사

에서 태어났다. 그 마을의 이름은 불지인데 혹은 발지
촌이라고도 한다. 그가 태어난 사라수에 관한 이야기
가 이렇게 전해진다.

"스님의 집이 본래 이 골짜기 서남쪽에 있었다. 그

어머니가 아기를 배어 만삭일 때에 마침 이 골짜기에 있는 밤나무 밑을 지나다가 갑자기 해산하였으므로, 몹시 급한 상황이어서 집에 돌아가지 못하고 남편의 옷을 나무에 걸치고 그 속에서 지냈기 때문에 이 나무를 사라수라 했다."

그 나무의 열매도 이상하여 지금도 사라율이라 불리는데, 다음과 같은 고사가 전해진다.

"옛적에 절을 주관하는 자가 절의 종 한 사람에게 하루 저녁 끼니로 밤 두 알씩을 주었다. 종이 적다고 관청에 호소하자 관리는 괴상히 여겨 그 밤을 가져다가 조사해 보았더니 한 알이 바리 하나에 가득 차므로 도리어 한 알씩만 주라고 판결했다. 이런 이유로 율곡이라고 했다."

스님은 출가할 때 자신의 집을 희사해서 절로 삼았는데 그 이름을 '초개사'라고 했다. 또 사라수 곁에 절을 세우고 '사라사'라고 했다. 스님의 행장에는 서라벌 사람이라고 했으나 이는 조부가 살던 곳을 따른 것이었다.

《당승전唐僧傳》에는 본래 하상주 사람이라고 했다.

이를 살펴보면, 665년에 문무왕이 상주와 하주의 땅을 나누어 삽량주를 두었는데 하주는 곧 지금의 창령군이요, 압량군은 본래 하주의 속현이었다. 상주는 지금의 상주尙州이니 상주湘州라고도 한다. 불지촌은 지금 자인현에 속해 있으니, 바로 압량군에서 나뉜 곳이다. 스님의 어렸을 때 이름은 서당이요, 또 다른 이름은 신당이다.

처음에 어머니 꿈에 유성이 품속으로 들어온 다음에 곧 태기가 있었으며, 장차 해산하려 할 때는 오색 구름이 땅을 덮었다. 이때가 진평왕 39년(617)이었다. 나면서부터 총명하고 남보다 뛰어나서 스승 없이 스스로 깨우쳤다. 그가 승려가 되어 사방으로 다니면서 수행한 내력과 불교를 널려 폈던 업적은 《당승전》과 그의 행장에 자세히 실려 있으므로 여기에서 별도로 기록하지 않았다. 오직 향전鄕傳에 있는 한두 가지 이상한 일만을 적어둔다.

원효는 요석공주와 부부관계를 맺고, 설총을 낳은 후로는 속인의 옷으로 바꾸어 입고 스스로 소성거사라고 불렀다. 우연히 광대들이 가지고 노는 큰 박을 얻었는데 그 모양이 괴상했다. 원효는 그 모양을 따라서 도구를 만들어 《화엄경》 속에서 말한 '일체의 장애가 없고 자유로운 사람은 한 번에 생사의 고통에서 벗어난다.'는 문구를 따서 이름을 '무애'라 하고 이를 노래로 만들어 세상에 널리 퍼뜨렸다.

어느 날 이 도구를 가지고 수많은 마을에서 노래하고 춤추면서 교화시키고 시로 읊조리며 돌아다니니, 이 덕분에 가난하고 무지몽매한 무리들도 모두 부처의 이름을 알고 나무아미타불을 부르게 하였으니 스님의 교화가 컸던 것이다.

그가 탄생한 마을 이름을 불지촌이라 하고, 절 이름을 초개사라 하였으며 스스로 원효라 한 것은 모두 불교를 처음 빛나게 했다는 뜻이다. 원효란 말도 역시 우리말 뜻에서 취한 것이니 곧 '새벽'이라는 의미이다.

그는 일찍이 분황사에 살면서 《화엄경소華嚴經疏》를 지었고, 또한 바다 용의 권유로 길에서 조서를 받아 《삼매경소》를 지었다. 그가 세상을 떠나자 아들 총이 그 유해를 부수어 생전의 모습 그대로 소상塑像으

로 만들어 분황사에 모
셔두고, 공경하고 사모
하여 추모하는 뜻을 표
했다. 설총이 그때 곁에
서 예배하자 소상이 갑
자기 돌아다보았는데,
지금까지도 돌아본 그
대로 있다. 원효가 일찍
이 살던 혈사 옆에 설총
이 살던 집터가 있다고
한다.

분황사 석탑 분황사는 원효 스님이
출가했던 인연이 깊은 사찰

　　원효대사를 찬양하니,

분황사 화쟁 국사비 고려 숙종 때 원
효 스님에게 화쟁 국사라는 시호를
내리고 비를 세웠으나 비석은 없어지
고 그 귀부만 남았다.

대사가 처음으로 바
른 지혜의 방법을 깨달아
　표주박을 가지고 춤추며 가는 곳마다 감화시켰네.
　달 밝은 요석궁에 봄잠은 깊었더니
　문 닫힌 분황사엔 돌아다보는 대사의 진영만 덩그
렇다.

의상 고국에 화엄종을 전하다

의상 법사의 아버지는 한신이요, 성은 김씨이다. 그는 나이 스물아홉에 서라벌 황복사에서 머리를 깎고 승려가 되었다. 얼마 후, 중국으로 가서 부처의 교화를 보려 드디어 원효와 더불어 요동 변방으로 갔는데, 여기에서 변방의 감시병에게 정탐꾼으로 오인받아 잡힌 지 수십 일 만에 겨우 풀려 돌아왔다.

영휘 永徽(650~655) 초년에 마침 신라에 온 당나라 사신이 배를 타고 귀국하는 자가 있어

황복사지 구황리 삼층석탑

서 그 배를 타고 중국에 들어갔다. 처음 양주에 머물렀는데 그곳의 장수 유지인이 의상을 청해 관청에 머무르게 하고 대접했는데 매우 융숭했다. 그 후 얼마 안 되어 종남산 지상사로 찾아가서 화엄조의 제2대 조사인 지엄을 뵈었다.

지엄은 의상 법사가 오기 바로 전날 밤에 기이한 꿈을 꾸었다. 즉, 큰 나무 하나가 해동에서 났는데 가지와 잎이 널리 퍼져서 중국에까지 와서 덮였고, 그 나뭇가지 위에는 봉황새의 보금자리가 있는데, 올라가서 보니 *마니보주摩尼寶珠 하나가 있어 그 눈부신 빛이 먼 곳에까지 비치는 것이었다. 꿈에서 깨자 놀랍고 이상하여 거주하는 곳을 깨끗이 청소하고 기다리는데 의

마니보주를 들고 있는 여래상

마니보주摩尼寶珠
용왕의 뇌 속에서 나왔다고 하는 보배로운 구슬로, 이것을 얻으면 소원이 뜻대로 이루어지고 온갖 재앙을 물리칠 수 있다고 함.

상이 왔다. 이에 지엄은 특별한 예로 그를 맞이하며 조용히 말했다.

의상 법사 초상

"내가 어젯밤에 꿈을 꾸었는데, 그대가 올 징조였구려!"

그리고 제자가 되는 것을 허락했다. 의상은 《화엄경》의 심오한 뜻을 정밀하게 해석했다. 그제야 지엄은 심오한 불학에 대해 서로 질의할 만한 상대자를 만난 것을 기뻐했고, 또 그를 통해 새로운 이치를 깨우쳤다.

이 무렵에 신라의 승상 김흠순·양도 등이 당나라에 갇혀 있었는데, 고종이 장차 크게 군사를 일으켜 신라를 치려 했다. 이에 김흠순 등은 몰래 의상에게 먼저 귀국하도록 권유했다. 드디어 의상이 670년에 본국으로 돌아오자마자 이 사실을 본국 조정에 알렸다. 그리하여 왕은 신인종의 고승 명랑에게 명하여 밀단을 가설하고 비법으로 기도해서 국난을 피할 수 있었다.

부석사 무량수전 본존

676년에 의상은 태백산에 들어가서 조정의 뜻을 받들어 부석사를 세우고 화엄종의 교리를 널리 알렸는데 신비한 영험이 많이 나타났다. 중국 종남산의 문인이자 화엄종의 제3대 조사인 현수(지엄의 제자)가 〈수현소〉를 지어서 의상에게 자문을 구했고, 아울러 은근히 흠모하는 뜻이 담긴 편지를 올린 적이 있었다.

의상은 전국의 열 곳 절에서 화엄종을 전하니 태백산의 부석사, 원주의 비마라사, 가야산의 해인사, 비슬산의 옥천사, 금정산의 범어사, 지리산의 화엄사 등등이다. 또 《법계도서인》, 《약소》, 《법계도法界圖》를 저술로 남겼다. 세상에서 전하기를 의상은 불타의 화신이라 하는데, 그의 제자에는 오진 · 지통 · 표훈 · 진정 · 진장 · 도융 · 양원 · 상원 · 능인 · 의적 등 10명의 고승들이 불교계의 지도자가 되었다. 그들은 모두 성인 다음가는 현인들로서 각각의 전기가 전해진다.

그 중 오진은 일찍이 하가산 골암사에 살면서 밤마다 팔을 뻗쳐서 부석사 석등에 불을 밝혔다. 지통은 《추동기錐洞記》

화엄일승법계도

를 지었는데, 그는 대개 친히 의상의 가르침을 받았기 때문에 경묘한 경지에 도달했다. 표훈은 일찍이 불국사에 살았으며 항상 천궁을 왕

일승一乘
모든 중생이 부처와 함께 성불한다는 석가모니의 교법. 일체 것이 모두 부처가 된다는 법문이다.

래했다. 의상이 황복사에 있을 때 여러 무리들과 함께 탑을 돌았는데, 항상 허공을 밟고 올라가 층계는 밟지 않았으므로 그 탑에는 사다리를 설치하지 않았다. 그 무리들도 층계에서 석 자나 떠나 허공을 밟고 돌았기 때문에 의상은 그 무리들을 돌아보면서 말했다.

"세상 사람들이 이것을 보면 반드시 괴이하다고 할 것이다. 그러니 교훈될 것이 못 된다."

이에 나머지 사적은 최치원이 지은 의상의 전기와 같다.

의상 대사를 찬양하니,

덤불을 헤치고 연기와 티끌을 무릅쓰고 거친 바다를 건너가자

지상사의 조사가 문을 열고 귀한 손님 맞이했네.

화엄의 진리를 캐다가 고국에 심었으니,

종남산과 태백산, 동시에 진리의 봄이 찾아왔다네.

혜현 홀로 조용히 수도했지만
중국에까지 널리 알려지다

혜현 스님은 백제 사람이다. 어려서 중이 되어 애써 뜻을 모아 《법화경》을 외는 것으로 업을 삼았으며 부처께 기도하여 복을 청해서 영험한 감응이 실로 많았다. '삼론'을 배우고 도를 닦아서 신명에 통하였다.

처음에 북부 수덕사에 살았는데 신도가 있으면 불경을 강론하고 없으면 불경을 외었으므로 사방의 먼 곳에서도 그 풍격

덕숭산 수덕사 산문

을 흠모하여 문 밖에 신도들의 신발이 가득했다. 차츰
번거로운 것이 싫어서 마침내 강남 달라산에 가서 살
았는데 산이 매우 험준해서 내왕이 힘들고 드물었다.

혜현은 고요히 앉아 생각을 잊고 산속에서 인생을
마쳤다. 동학同學들이 그 시체를 옮겨서 석실 속에 모
셔두었더니 범이 그 유해를 다 먹어버리고 다만 해골
과 혀만 남겨두었다. 추위와 더위가 세 번 돌아와도
혀는 오히려 붉고 연하였다. 그 후 변해서 자줏빛이
나고 단단하기가 돌과 같았다. 승려나 속인들이 공경
하여 이를 석탑에 간직했다. 이때 나이 58세였으니
즉 정관(627~649) 초년이었다. 혜현은 중국으로 가

천태산 국청사 교관총지

서 배운 일이 없고 고요히 물러나 일생을 마쳤으나 이름이 중국에까지 알려지고 전기가 씌어져 당나라에서도 그 명성이 높았다.

또 고구려의 중 파약은 중국 천태산에 들어가 지자智者의 교관(석가모니 일대의 가르침을 각 종파 입장에서 분류한 교리 조직과 수행 방법)을 받았는데 신기하고 이상한[神異] 사람으로 산중에 알려졌다가 죽었다. 《당승전唐僧傳》에도 실려 있는데 자못 영험한 가르침이 많다. 이를 찬양하나니,

*불자拂子로 털고 불경을 전함도 잠시,
지난날 불경 외던 소리도 구름 속에 숨었어라.
세간의 청사靑史에 길이 이름을 남겨,
사후엔 연꽃처럼 혀가 꽃
다웠네.

불자拂子
원래 승려가 모기나 파리를 쫓는데 쓰던 일종의 먼지떨이의 일종이었지만 마음속의 번뇌, 장애를 물리치는 표식으로 사용됨.

천축국으로 간 여러 법사

광자함의 《구법고승전求法高僧傳》에 이런 기록이 있다.

승려 아리나 발마는 신라 사람이다. 처음에 불법을 구하려고 일찍이 중국에 들어갔는데, 부처님의 자취를 두루 찾아볼 마음이 더욱 간절했다. 이에 정관 연간(627~649)에 당나라 수도인 장안을 떠나 다섯 천축(인도) 나라에 갔다.

*나란타사에 머물러 율장과 논장을 많이 읽고 패협(조개껍데기와 콩깍지)에 베껴 썼다. 고국에 돌아오고

> ↺↺↺↺↺↺↺↺
>
> 나란타사
> 인도 비하르 주 북부, 비하르 시 바로 남쪽에 있는 유명한 불교 수도원. 흔히 날란다 대학이라고 불리는데 팔라 왕조(8~12세기) 때 불교와 학문의 중심지로서 번영을 누렸다고 한다. 삼장법사 현장을 비롯하여 수많은 구법승이 이곳에 머물며 불법을 배웠다고 함.

구법승 사찰 기와 위에 구법승을 형상화시켜 놓은 모습

싶은 마음이 간절하였으나 뜻을 이루지 못하고 홀연
히 그 절에서 세상을 떠나니, 그의 나이 70여 세였다.

그의 뒤를 이어 혜업 · 현태 · 구본 · 현각 · 혜륜 · 현
유와 그 밖에 또 이름을 알지 못하는 두 법사가 있었는
데, 모두 자기 자신을 잊고 불법을 따라 석가모니의 덕
화를 보기 위해서 중천축에 갔다.

그러나 혹은 중도에서 일찍 죽고 혹은 살아남아서
그곳 절에 있는 이도 있으나 마침내는 다시 신라와 당
나라에 돌아오지 못하고 그 중에 오직 현태 스님만이

당나라에 돌아왔으나 이도 역시 어디서 세상을 마쳤는지 알 수 없다.

천축국 사람들이 신라를 '구구타예설라'라고 하는데, 이 '구구타'란 닭을 의미하는 계鷄를 말함이요, '예설라'는 귀할 귀貴를 말한 것이다. 그곳에서 이렇게 서로 전해 말했다.

"그 나라에서는 계신鷄神을 받들어 존경하여 귀하게 여겼기 때문에 그 깃을 꽂아서 장식한다."

이를 찬양하니,

머나먼 천축의 첩첩산중 길을,
애써 오르는 가련한 구법승들이여.
몇 번이나 저 달은 외로운 배를 보냈는가,
한 사람도 구름 따라 되돌아오는 것 보지 못했네.

제6장

자비와 호국 의 염원이 깃든
절 · 탑 · 불상

금관성 파사석탑
허왕후의 안전과 왜국의 침략을 막다

금관에 있는 호계사의 파사석탑은 옛날 이 고을이 금관국으로 있을 때 시조 수로왕의 비 허왕후 황옥이 서기 48년에 서역 아유타국에서 배에 싣고 온 것이다.

파사석탑

처음에 공주가 두 부모의 명을 받들어 바다를 건너 동쪽으로 향하려 하는데, 바다신의 노여움을 받아서 가지 못하고 되돌아와 부왕께 아뢰자 왕은 이 탑을 배에 싣고 가라고 했다. 그리하여 순조롭게 바다를 건너 금관국의 남쪽 언덕 해안에 배를 정박하였다.

수로왕이 왕후를 맞아서 같이 나라를 150여 년 동안 다스렸다. 하지만 그때까지도 해동에는 절을 세우고 불법을 신봉하지 않았다. 대개 불교가 전해 오지 않아서 이 지방 사람들은 이를 믿지 않았기 때문에 《가락국본기》에도 절을 세웠다는 글이 실려 있지 않다.

그러던 것이 제8대 질지왕 2년(452)에 이르러 그곳에 왕후사를 세워 지금에 이르기까지 복을 빌고 있다. 또 남쪽 왜국을 진압시켰으니 《가락국본기》에 자세히 실려 있다.

탑은 각이 진 사면이 5층으로 되어 있고, 그 조각은 매우 기묘하다. 돌에는 희미한 붉은 무늬가 있고 품질이 매우 좋은데, 우리나라에서 나는 것이 아니다. 《본초》에 기재된 '닭볏의 피를 찍어서 시험했다.'라고 한 것이 바로 이것이다. 금관국을 또한 가락국이라고 하니, 《가락국본기》에 자세히 실려 있다.

황룡사 장육존상
인도 아육왕이 보내온 것으로 만들다

신라 제24대 진흥왕이 즉위한 14년(553) 2월에 장
차 용궁 남쪽에 대궐을 지으려 하니, 황룡이 그곳에서
출현하여 이것을 고쳐서 절을 삼고 이름을 황룡사라
했다. 569년에 이르러 담을 쌓아 17년 만에 완성했다.
그 후 바다 남쪽에 큰 배 한 척이 나타나서 하곡현 사

황룡사지

몽고의 침입으로 황룡사는 모두 불타 없어져 지금은 그 흔적만 남아 있다.

포에 닿았다. 그 배를 검사
해 보니 다음과 같은 공문
이 있었다.

"서축(인도) *아육왕이 누
른 쇠 5만 7천 근과 황금 3
만 푼을 모아 장차 석가모
니의 존상 셋을 주조하여

만들려다가 뜻을 이루지 못해서 배에 실어 바다에 띄
웠습니다. 그러니 부디 인연 있는 나라로 가서 장육존
상(1장 6척 불상)을 이루어주기를 축원합니다. 또한 한
부처와 두 보살상의 모형을 더불어 실었으니 장육존
상을 만들 때에 참고하길 바랍니다."

하곡현의 관리가 이 문서를 왕에게 보고했다. 왕은

사람을 시켜서 그 고
을 동쪽의 높고 정갈
한 땅을 골라서 먼저
동축사를 세우고 세
불상을 안전하게 모
시게 했다. 그리고 그

황룡사 장육삼존불상 좌대

금과 쇠는 서울로 보내서 574년 3월에 장육존상을 주조했는데, 단 한 번에 이루어졌다. 그 무게는 3만 5천 7근으로 황금 1만 198푼이 들었고, 두 보살상은 쇠 1만 2천 근과 황금 1만 136푼이 들었다. 불상이 주조된 뒤에 동축사의 삼존불도 역시 황룡사로 옮겨서 안치했다. 절에는 이런 기록이 남아 있다.

"진평왕 5년(584)에 이 절의 금당이 이루어지고, 선덕여왕 때에 이 절의 제1대 주지는 진골 출신의 환희사였고, 제2대 주지는 국통 자장, 제3대는 국통 혜훈, 제5대는 상률사였다."

그 후 전쟁으로 인한 화재가 있은 이후로 큰 불상과 두 보살상은 모두 녹아 없어졌고, 작은 석가상만 남아 있을 뿐이다.

이를 찬양하니,

세상 어느 곳인들 참된 고향이 아니랴만,
불공을 드리기에는 우리나라가 으뜸일세.
아육왕이 할 수 없었던 것이 아니라,
월성 옛터를 찾느라고 그랬던 것일세.

황룡사 구층탑
사방 오랑캐를 진압하는 신비의 목탑

신라 선덕여왕 5년(636)에 자장 법사가 중국으로 유학하여 오대산에서 문수보살의 불법을 전해주는 것을 감응해서 얻었다. 하루는 법사가 중국 태화지太和池 가를 지나는데 갑자기 신인이 나와서 물었다.

"어떻게 이곳까지 왔소?"

"부처님의 깨달음을 구하기 위해서입니다."

이에 신인은 그에게 경건하게 절한 후 또 물었다.

"당신의 나라에 무슨 어려운 일이 있소?"

"우리나라는 북으로는 말갈과 접해 있고 남으로는 왜국에 이어졌으며, 고구려와 백제 두 나라가 번갈아 국경을 범하는 등 이웃 나라의 횡포가 자주 있사오니 이것이 백성들의 걱정입니다."

또 신인이 말했다.

"지금 그대의 나라는 여자를 왕으로 삼아 덕은 있어도 위엄이 없소. 이 때문에 자주 이웃 나라에서 침략을 도모하는 것이니 그대는 빨리 귀국하시오."

"고국으로 돌아가면 무슨 유익한 일이 있겠습니까?"

"황룡사의 호법룡은 바로 나의 큰아들이오. 범왕의 명령을 받아 그 절을 보호하고 있으니 귀국하거든 절 안에 구층탑을 세우시오. 그러면 이웃 나라들은 항복할 것이며, 구한九韓이 와서 조공하여 나라가 태평하고 번영할 것이오. 탑을 세운 뒤에는 팔관회를 열고 죄인을 용서하면 외적이 해치지 못할 것이오. 그리고 저를 위해서 경기 남쪽 언덕에 절 한 채를 지어 함께 내 복을 빌어주면 그 은덕에 보답하겠소."

신인은 말을 하고 옥을 바친 후, 이내 형체를 숨기고 나타나지 않았다.

643년 16일에 자장 법사는 당나라 황제가 준 불경 · 불상 · 가사 · 폐백 등을 가지고 본국으로 돌아와서 탑 세울 일을 임금에게 아뢰었다. 선덕여왕은 여러 신하들에게 이 일을 의논하니, 신하들이 말했다.

"백제에서 기술자를 청해 데려와야 되겠습니다."

이에 보물과 비단을 가지고 백제에 가서 청했다. 그리하여 아비지라는 기술자가 명을 받고 와서 나무와 돌을 재고 이간 용춘이 그 역사를 주관하는데, 거느리고 참여한 여러 장인들은 200여 명이나 되었다.

처음에 절의 기둥을 세우던 날, 아비지의 꿈에 조국인 백제가 멸망하는 모습을 보았다. 아비지는 심란하여 공사를 멈추었더니, 갑자기 천지가 진동하며 어두워지는 가운데 노승과 장사 한 사람이 금당문에서 나와 그 기둥을 세우고는 사라졌다. 이에 아비지는 공사를 멈춘 것을 후회하고 마침내 그 탑을 완성시켰다. 절 탑 기둥에 관한 다음과 같은 기록이 있다.

황룡사탑을 건립한 아비지 기념비

"철로 만든 기반 이상의 높이가 42척, 기반 이하는 183척이다."

자장이 오대산에서 받아 가져온 사리 100알을 탑 기둥 속과 통도사 계단, 또 대화사 탑에 나누어 모셨으니 이것은 못에 있는 용의 청에 따른 것이다. 탑을 세운 뒤에 천하가 형통하고 삼한이 통일되었으니, 탑의 영험함을 증명한 것이었다. 그 뒤에 고구려왕이 신라를 칠 계획을 하다가 말했다.

　"신라에는 세 가지 보배가 있어 침범할 수 없다고 하니 이는 무엇을 말하는 것이냐?"

아비지와 황룡사 구층목탑

"황룡사 장육존상과 구층탑, 그리고 진평왕 때 하늘에서 받은 옥대입니다."

이 말을 듣고 고구려왕은 침범할 계획을 그만두었다. 이는 중국 주나라에 구정이 있어서 초나라 사람이 감히 주나라를 엿보지 못했다고 한 경우와 같다.

이에 찬양하니,

신의 도움으로 제경帝京에 탑을 세우니,
그 휘황한 채색으로 처마가 날아갈 듯하네.
여기에 올라 어찌 아홉 오랑캐의 항복만을 보랴,
하늘과 땅도 편안해진 것을 비로소 깨달았네.

신라 제35대 경덕왕이 754년에 황룡사의 종을 주
조했는데 길이는 1장 3촌, 두께는 9촌, 무게는 49만 7
천581근이었다. 시주
는 효정이왕 삼모부인
이요, 주조자는 이상
택이었다. 숙종 때에
새 종을 만들었는데
길이가 6척 8촌이었
다. 또 다음 해에 분황
사 약사여래불 동상을
만들었는데 무게가 30

분황사 약사여래불

봉덕사 성덕대왕신종 경주 박물관 소장

만 6천700근, 주조자는 본피부 강고내말이었다.

또 경덕왕은 황동 12만 근을 내놓아 그 아버지 성덕대왕을 위하여 큰 종 하나를 만들려다가 이루지 못하고 죽으니, 그 아들 혜공왕 건운이 770년 12월에 관리에게 명하여 기술자를 모아서 마침내 완성시켰다. 그리고 봉덕사에 안치했는데, 이 절은 효성왕이 738년에 그 아버지 성덕대왕의 복을 빌기 위해서 세운 것이다. 그렇기 때문에 그 종의 이름을 '성덕대왕신종'이라 했다.

하늘과 땅에서 나온 사방불과
당 황제도 감탄한 만불산

　죽령 동쪽 100리쯤 되는 곳에 우뚝 솟은 높은 산이
있는데, 진평왕 9년(587)에 갑자기 사면이 한 길이나
되는 큰 돌이 나타났다. 돌에는 사방여래의 상이 새겨
져 있고 모두 붉은 비단으로 싸여 있었다. 마치 하늘
에서 그 산마루에 떨어뜨린 것 같았다. 왕이 이 말을
듣고 직접 그곳으로 가서 그 돌을 쳐다보고 나서 드디
어 그 바위 곁에 사찰을 세우고 대승사라고 했다.

　《법화경》을 외는 승려를 청해 이 사찰을 맡겨 공석
供石을 정갈하게 하였더니 향불이 끊이지 않았다. 그
산을 역덕산이라 하고 혹은 사불산이라고도 한다. 그
사찰의 승려가 세상을 떠나 장사지냈더니 무덤 위에
연꽃이 피었다.

굴불사 사면석불
경주 소금강산의 백률사로 가는 길목에 위치하고 있으며 보물 제121호로 지정

또 경덕왕이 백률사에 행차하여 그 산 밑에 이르렀
더니 땅속에서 염불하는 소리가 들렸다. 이에 그곳을
파게 했더니 큰 돌이 나왔는데, 사면에 사방불이 새겨
져 있었다. 그곳에 사찰을 세우고 굴불사라고 했는데,
지금은 잘못 전해져서 굴석사라 한다.

경덕왕은 당나라 대종황제가 불교를 숭상한다는 말
을 듣고 기술자에게 명하여 예물을 만들게 했다. 오색

양탄자 위에 침단목을 새겨서 명주와 아름다운 옥으로 꾸며서 높이 1장 남짓한 가짜 산을 만들어놓았다. 산에는 기묘한 바위와 돌, 동굴로 꾸며져 있고 각 구역마다 노래하며 춤추고 노는 형상과 온갖 나라들의 산천을 새겨놓았다. 또 바람이 불어 문 안으로 들어가면 벌과 나비가 훨훨 날고 제비와 참새가 저절로 춤을 추니 얼핏 보아서는 진짜인지 가짜인지 분간할 수가 없었다. 그 속에는 만불을 모셔놓았는데 큰 것은 사방 한 치가 넘고 작은 것은 8, 9푼쯤 된다. 그 머리는 혹은 큰 기장만 하고 혹은 콩 반쪽만 하다. 머리털과 백모白毛, 눈썹과 눈이 또렷하여 모든 형상이 다 갖추어졌으니, 다만 비슷하게 비유할 수는 있어도 자세히 형용하기 어렵다. 그리하여 이 산을 만불산이라고 했다.

다시 거기에 금과 옥을 새겨 오색으로 만든 깃발과 덮개·망고·치자나무의 꽃·각종 꽃과 과일, 100보나 되는 누각·대·전·당·정자 등을 만들었는데 비록 작기는 하지만 그 형상은 장엄하고 마치 살아서 움직이는 것과 같았다. 또한 그 앞에는 돌아다니는 1천 승려의 형상과, 그 아래에는 세 개의 자금종을 벌여

놓았다. 종각이 있고 *포뢰

蒲牢가 있으며 고래 모양으

로 종치는 방망이를 만들었

다. 바람이 불어 종이 울리

면 돌아다니는 승려들은 모

두 엎드려 머리를 땅에 대고

절했다. 염불하는 소리가 은은히 들리는데, 그 종 속

에 기관장치가 있기 때문이다. 이것을 비록 만불이라

고 하지만 그 참모습은 이루 다 기록할 수가 없다.

만불산을 완성하자 사신을 당나라에 파견하여 대종

에게 바쳤다. 황제는 이것을 보고 감탄했다.

"신라의 교묘한 기술은 하늘의 것이지 사람의 기술

이 아니다."

이에 구광선이란 부채를 그 바위 사이에 두고 불광

이라고 이름 붙였다. 4월 8일에 대종은 두 거리의 승

도들에게 명하여 대궐 안의 도량에서 만불산에 예배

하고, 삼장법사 불공에게 명하여 밀부의 진언을 1천

번이나 외어서 경축하게 하니, 보는 사람들은 모두 그

정교한 솜씨에 탄복했다.

신통한 백률사 불상

계림 북쪽의 산을 금강령이라 하고, 그 산의 남쪽에
는 백률사가 있다. 그 절에 부처상이 하나 있는데, 어
느 시기에 만들어진 것인지
알 수가 없으나 영험이 자못
뚜렷했다. 어떤 자는 '이 부
처상은 중국의 신장이 중생사

백률사

중생사 관음소상

의 관음소상을 만들 때 더불어 만든 것이다.'라고 말했다. 민간에서는 이렇게 전한다.

"이 부처님이 일찍이 도리천에 올라갔다가 돌아와서 법당에 들어갈 때에 밟았던 돌 위의 발자국이 지금까지 없어지지 않고 남아 있다."

또 어떤 사람은 말했다.

"부처님이 부례랑을 구출하여 돌아올 때에 보였던 자취이다."

692년 9월 7일에 효소왕은 살찬 대현의 아들 부례랑을 국선으로 삼았고, 그를 따르는 무리가 1천 명이나 되었다. 그 중에서 안상과는 무척 친하게 지냈다. 다음 해 3월에 부례랑은 무리들을 거느리고 금란(강원도 통천)에 놀러갔는데, 북명(원산만)의 경계에 이르렀다가 말갈족에게 사로잡혔다. 함께 따르던 무리들은 모두 어쩔 줄 모르고 그대로 돌아왔으나 오직 안상만이 그를 쫓아갔다. 이때가 3월 11일로 대왕은 그 소식을 접하고 놀라움을 금치 못하여 말했다.

"선왕께서 신적神笛(신기한 피리)을 얻어 나에게 전해 주셔서 지금 거문고와 함께 왕실 창고에 잘 간직되

어 있는데, 무슨 일로 해서 국선이 돌연 적에게 잡혀
갔단 말인가! 장차 이 일을 어찌하면 좋겠는가?"

이때 상서로운 구름이 왕실의 창고인 천존고를 뒤
덮자 왕은 또 놀라고 두려워하여 조사하게 하니, 창고
안에 있던 두 보배인 거문고와 신적이 사라졌다. 이에
왕이 말했다.

"과인은 어찌 그리 복이 없어 어제는 국선을 잃고,
또 이제 거문고와 신적까지 잃는단 말인가."

왕은 즉시 창고를 맡은 관리 김정고 등 5명을 가두
었고 4월에 나라 안의 사람을 모집하여 말했다.

"거문고와 신적을 얻는 사람은 1년 조세를 상으로
주겠다."

5월 15일에 부례랑의 부모가 백률사 불상 앞에 나
아가 여러 날 저녁 기도를 올렸다. 그런데 어느 날 갑
자기 향탁 위에 거문고와 신적 두 보배가 놓여 있고,
부례랑과 안상도 불상 뒤에 와 있었다. 두 부모는 매
우 기뻐하여 어찌된 일인지 물으니, 부례랑이 말했다.

"저는 적에게 잡혀간 뒤 적국의 대도구라의 집에서
목동의 일을 맡아 대오라니라는 들에서 말에게 풀을

뜯기고 있었습니다. 그런데 갑자기 모양이 단정한 한 승려가 거문고와 피리를 들고 다가와서 '고향 일을 생각하느냐'고 위로했습니다. 이때 저는 저도 모르는 사이에 그 승려 앞에 꿇어앉아서 '임금과 부모를 그리워하는 마음을 어찌 다 말하겠습니까?' 라고 호소했습니다. 그러자 스님은 '그럼 나를 따라오너라.' 하고는 드디어 저를 데리고 바닷가까지 갔는데 거기에서 또 안상과 만나게 되었습니다. 이에 스님은 신적을 둘로 쪼개어 우리 두 사람에게 주어서 각기 한 짝씩을 타게 하고, 그는 거문고를 타고 바다에 떠서 돌아오는 데 잠깐 동안에 여기에 와 닿았습니다."

이 일을 자세히 왕에게 보고하자 왕은 크게 놀라 사람을 보내어 그들을 맞이하니 부례랑은 거문고와 신적을 가지고 대궐 안으로 들어갔다. 왕은 50냥과 금은으로 만든 그릇 다섯 개씩 두 벌과, 마납가사 다섯 벌, 비단 3천 필, 밭 1만 경을 백률사에 바쳐서 부처님의 은덕에 보답하도록 했다.

더불어 나라 안의 죄인들에게 대사령을 내리고 관리들에게는 직급을 3계급씩 높여주었으며, 백성들에게는 3년간의 조세를 면제해 주었다. 그리고 절의 주지를 봉성사로 옮겨 살게 했다. 부례랑을 대각간에 봉하고, 아버지 대현아식을 태대각간으로 삼았으며, 어머니 용보부인은 사량부의 경정궁주로 삼았다. 안상은 대통을 삼고 창고를 맡았던 관리 다섯 사람은 모두 용서해 주고 각각 관작 오급을 주었다.

6월 12일에 혜성이 동쪽 하늘에 나타나더니 17일에 또 서쪽 하늘에 나타나자 일관이 아뢰었다.

"이것은 거문고와 신적을 벼슬에 봉하지 않았기 때문에 그러한 것입니다."

이에 신적을 만만파파식적이라고 봉했더니 혜성은 이내 없어졌다. 그 뒤에도 신령스럽고 이상한 일이 많았는데, 너무 번거로워 다 싣지 않는다. 세상에서는 안상을 준영랑의 무리라고 했으나 이 일은 자세히 알 수가 없다. 영랑의 무리에는 오직 진재·번완 등의 이름이 알려졌지만 이들의 행적 역시 자세히 전해지지 않는다.

5만 불보살의 성지 오대산과
월정사 · 상원사

예로부터 산중에서 전해오는 말에
의하면, 이 산이 문수보살의 진성이
살던 곳이라고 알려진 것은 자장 법
사로부터 시작되었다고 한다. 처음
에 자장 법사가 중국 오대산에서 문
수보살의 진신을 보고자 하여 신라

문수보살

선덕여왕 때인 636년에 당나라로 들어갔다. 자장 법
사가 중국 태화지 주변에 있는 문수보살의 석상에 이
르러 공손히 7일 동안 기도했더니, 꿈에 갑자기 부처
가 나타나 네 구의 게송을 주었다. 꿈에서 깨어서도
그 네 구의 글은 생생하게 기억했으나 모두가 범어여

서 그 뜻을 전혀 풀 수가 없었다.

다음날 아침에 한 승려가 붉은 비단에 금색 점이 있는 가사 한 벌과 부처의 바리때 하나와 부처의 머리뼈 한 조각을 가지고 법사의 곁으로 와서는, 법사에게 무슨 수심이 있는가를 물으니 이에 법사가 대답했다.

"어제 꿈속에서 네 구의 게송을 받았으나 범어로 되어 있어서 풀지 못하기 때문입니다."

승려가 그 게송을 대신 번역해 주었다.

" '아라파좌낭' 이란 일체의 법을 깨달았다는 말이요, '달예치구야' 란 본래의 성품은 가진 바가 없다는 말이요, '낭가희가낭' 이란 이와 같이 법성法性을 해석한다는 말이요, '달예노사나' 란 *노사나불盧舍那佛을 곧 본다는 말입니다."

> 노사나불盧舍那佛
> 삼신불의 하나. 깨달음을 얻기 위해 열심히 수행한 공덕으로 나타나신 부처님으로, 복과 덕이 가득하게 이 세상의 불쌍한 모든 사람을 구제하는 부처님.

그리고 자기가 가졌던 가사 등 물건을 법사에게 주면서 부탁했다.

"이것은 우리들의 스승 석가세존이 쓰시던 도구이니 그대가 잘 보호해 가지십시오."

그는 또 말했다.

"그대 본국의 동북방 명주 경계에 오대산이 있는데 1만의 문수보살이 항상 그곳에 머물러 있으니 그대는 가서 뵙도록 하시오."

말을 마치고는 곧 사라졌다. 법사는 두루 보살의 유적을 찾아보고 귀국하려는데, 태화지의 용이 출현하여 재를 청하고 7일 동안 공양하고 나서 법사에게 말했다.

"일전에 게송을 번역해 주신 늙은 승려가 바로 진짜 문수보살입니다."

이렇게 말하며 또 귀국하면 사찰을 짓고 탑을 세울 것을 간곡하게 부탁했다. 법사는 643년에 강원도 오대산에 가서 문수보살의 진신을 보려 했으나 3일 동안이나 날이 어둡고 흐려서 보지 못하고 돌아갔다가 다시 원령사(법흥사)에 살면서 비로소 문수보살을 뵈었다. 뒤에 칡덩굴이 서려 있는 곳으로 갔는데, 지금의 정암사가 바로 이곳이다.

그 후 두타승 신의는 범일 대사의 제자로서 이 산을 찾아 자장 법사가 쉬던 곳에 암자를 짓고 살았다. 신의가 죽은 후에는 암자도 역시 오랫동안 헐어 있었는데, 수다사의 장로 유연이 다시 암자를 짓고 살았으니 지금의 월정사가 바로 이것이다.

자장 법사가 신라로 돌아왔을 때 정신대왕의 태자 보천·효명 두 형제가 하서부(지금의 명주)에 와서 각 간 세헌의 집에서 하룻밤을 쉬었다. 다음날 대관령을 지나 각각 무리 1천 명을 거느리고 성오평에 이르렀 다. 여러 날을 유람하다가 갑자기 어느 날 밤에 두 형 제가 속세를 벗어날 뜻을 남몰래 약속했다. 그리고는 아무에게도 알리지 않고 몸을 피하여 오대산에 들어 가니 그를 시중들던 무리들은 행방을 찾지 못하고 서 라벌로 돌아왔다.

월정사 적광전과 구층석탑

두 태자가 산속에 이르자 푸른 연꽃이 갑자기 땅 위 에 피었다. 형 태자가 그곳에 서 암자를 짓 고 머물러 살면서 보천암이라 했다. 여기에서 동북쪽으로 600여 보를 가니 북쪽대(흙이나 돌 따위로 높이 쌓아 올려 사방을 바라볼 수 있게 만든 곳)의 남쪽 기슭에 역시 푸른 연꽃이 핀 곳이 있으므로 아우 태자 효명이 또 암자를 짓고 살면서 각각 부지런히 업을 닦았다.

어느 날 형제가 함께 다섯 봉우리에 예를 하러 올라가니 동쪽대 만월산에는 1만 관음보살의 진신이 나타나 있고, 남쪽대 기린산에는 팔대보살을 우두머리로 한 1만의 지장보살이 나타나 있고, 서쪽대 장령산에는 무량수여래를 우두머리로 한 1만의 대세지보살이 나타나 있고, 북쪽대 상왕산에는 석가여래를 우두머리로 한 500의 대아라한이 나타나 있고, 중앙의 대 풍로산은 또 지로산이라고도 하는데, 비로자나불을 우두머리로 한 1만의 문수보살이 나타나 있었다. 그들은 이와 같은 5만 보살의 진신에게 일일이 예를 했다.

날마다 이른 아침에는 문수보살이 지금의 상원사인 진여원에 이르러 서른여섯 가지의 모습으로 변하여 나타났다. 두 태자는 항상 골짜기 속의 물을 길어다가 차를 달여 공양하고, 밤이 되면 각각 자기 암자에서

상원사 백련당

도를 닦았다.

이때 정신왕의 아우가 왕과 왕위를 다투니 나라 사람들은 이를 폐하고, 장군 네 사람을 산으로 보내서 두 태자를 맞아오게 했다. 이들은 먼저 효명의 암자 앞에 이르러 만세를 부르니 오색구름이 7일 동안 그곳을 덮어 나라 사람들이 그 구름을 찾아 모두 모여 임금의 의장儀仗을 갖추어놓고 두 태자를 모셔가려 했다. 그러나 보천은 울면서 이를 사양하므로 효명을 받들고 돌아가서 왕위에 오르게 했는데, 이가 나라를 여러 해 다스렸다.

보천은 늘 신령스런 골짜기의 물을 길어다가 마시더니 만년에는 육신이 공중을 날아 유사강 밖 울진국 장천굴에 이르러 쉬었다. 여기에서 *《수구다라니경》을 외는 것으로 밤낮의 과업으로 삼았다. 그러던 어느 날 장천굴의 굴신이 출현하여 그에게 말했다.

"내가 이 굴의 신이 된 지가 이미 2천 년이나 되었지만 오늘에야 비로소 《수구다라니경》의 진리를 들었습니다."

〈수구다라니경〉
석가모니가 수미산에서 보살과 아라한, 천룡팔부와 함께 계실 적에 일체 중생을 가엾게 여겨서 설했다는 경전.

말을 마치자 신은 보살계 받기를 청했다. 그가 계를 받고 나자 그 다음날 굴의 형체가 없어져버렸다. 보천은 놀라고 이상히 여겨 그곳에 20일 동안이나 머물다가 오대산 신성굴로 돌아갔다. 여기에서 또 50년 동안 참마음을 닦았더니 도리천의 신이 종일 설법을 듣고, *정거천淨居天의 무리들은 차를 달여 올렸으며, 40명의 성인은 10척 높이 하늘을 날면서 항상 그를 호위해 주고 그가 가졌던 지팡이는 하루에 세 번씩 소리를 내면서 방을 세 바퀴씩 돌아다니므로 이것을 쇠북과 경쇠로 삼아 수시로 수업했다.

정거천淨居天
성인聖人이 거주하는 오종의 하늘. 즉, 색계의 제사 선천, 무번 · 무열 · 선현 · 선견 · 색구경의 다섯 하늘이다.

문수보살이 보천의 이마에 물을 붓고 미래에 성불할 것을 예언하기도 했다.

불탑의 유래

탑은 석가모니 부처님의 사리舍利가 모셔져 있는 일종의 무덤 건축물이다. 탑은 탑파塔婆로도 불리는데, 원래 고대 인도어인 산스크리트어로 무덤을 의미하는 '스투파(Stupa)'에서 유래했다.

기원전 5세기 초에 불교의 교주인 석가모니가 세상을 떠나자 그의 몸을 화장하니 구슬처럼 동그란 사리와 불골佛骨(뼈)을 수습하게 되었다. 이 사리와 불골을 안치하려고 지은 게 최초의 탑이었다. 처음에 석가모니의 사리와 뼈는 인도의 여덟 나라에서 골고루 나눠 갖고 각자 탑을 세워 모셨다.

그 후 인도를 최초로 통일한 아소카왕[阿育王]이 석가모니 사리를 모신 여덟 개의 탑을 발굴하여 다시 8만 4천 개로 나눠 국내외 곳곳에 탑을 세워 봉안했다고 한다. 이처럼 탑이 늘어나자 불교도들의 신앙의 대상이 되고, 불교 전파의 계기가 되었다.

그러나 불교가 전 세계로 퍼지고 탑의 수요가 늘자 진신 사리가 모자라게 됐다. 그래서 대신 부처의 상징물인 법신 사리(석가의 유품이나 불교 경전) 등을 넣고 탑을 세웠다. 우리나라의 경우 경주 불국사 석가탑(3층 석탑·국보 제21호)에선 불경의 핵심을 적은 경문인 《무구정광대다라니경》(국보 제126호)이 봉안되어 있었다.

탑은 여러 지방을 거치면서 다양한 형태로 만들어졌는데, 대부분 네모난 기단을 다지고 그 위에 봉분에 해당하는 둥근 구조물을 얹고 다시 그 위에 우산 모양의 상륜부를 얹은 당시 인도의 무덤 형태를 따랐다.

우리나라의 경우에는 중국 건축 양식의 영향을 받아서 구조물과 상륜부는 축소되어 탑의 지붕 위에 장식처럼 얹히는 형태를 지니고 있다. 또 불탑은 재료에 따라 나무로 만든 목탑, 돌로 만든 석탑, 벽돌로 만든 전탑磚塔으로 나눌 수 있다. 우리나라는 질 좋은 화강암이 풍부하고 좋은 목재가 있어서 석탑과 목탑이 크게 유행했고, 드물게 전탑의 형식을 따른 것도 있다.

제7장

세상을 감동시킨 불심과 효,

신행 이야기

염불하다가 승천한 계집종 욱면

경덕왕 때 강주(지금의 진주)의 남자 신도 수십 명이 간절하게 서방정토에 태어나길 원하여 주 경계에 미타사를 세우고 만일을 기약하여 계를 만들었다. 이때 아간 귀진의 집에 한 계집종이 있었는데, 그 이름이 욱면이었다.

그녀는 주인을 따라 절에 가서 마당에 서서 승려를 따라 염불했다. 주인은 그녀가 자기 신분에 걸맞지 않는 짓을 한다고 미워하여 매번 곡식 두 섬을 주어 하룻밤 동안에 다 찧으라 했다. 그러나 욱면은 초저녁까지 곡식을 다 찧어놓고 절에 가서 염불하기를 밤낮으로 게을리 하지 않았다.

그녀는 뜰 좌우에 기다란 말뚝을 세우고 두 손바닥

을 새끼줄에 꿰어 말뚝에 매고는 합장하면서 좌우로 흔들어 자기를 격려했다. 그때 하늘에서 욱면을 격려하는 소리가 들렸다.

"욱면 낭자는 법당에 들어가 정식으로 염불하라."

이 소리를 사찰의 승려들이 듣고 욱면을 권하여 법당으로 들어가 정진하게 했다. 얼마 후, 음악 소리가 서쪽 하늘에서 들려오더니, 욱면은 그 몸을 솟구쳐 법당 대들보를 뚫고 올라가 서쪽 교외로 향했다. 그곳에서 해골을 버리고 부처의 몸으로 변하여 연화대에 앉아 큰 광명을 내뿜으며 서서히 사라지니, 음악 소리는 한참 동안 하늘에서 그치지 않았다. 그 당堂에는 지금도 그때 뚫린 구멍이 있다고 한다.

《승전僧傳》을 상고해 보면 이렇다.

승려 팔진은 관음보살의 화신으로서 무리들을 모으니 1천 명이나 되었는데, 두 패로 나누었다. 한 패는 노력을 다했고, 다른 한 패는 정성껏 도를 닦았다. 노력하는 무리들 중에 일을 맡아보던 이가 계를 얻지 못하여 축생도에 떨어져서 부석사의 소가 되었다.

그 소가 어느 날 불경을 등에 싣고 가다가 불경의 신령한 힘을 입어 아간 귀진의 집 계집종으로 태어나서 이름을 욱면이라고

부석사 산문

했다. 하루는 욱면이 일이 있어 하가산에 갔다가 꿈에 감응해서 드디어 불도를 닦을 마음이 생겼다.

아간의 집은 혜숙 법사가 세운 미타사에서 그다지 멀지 않았다. 아간이 항상 그 절에 가서 염불하는데 욱면도 따라 뜰에서 염불했다고 한다. 이렇게 하기를 9년, 을미년 정월 21일

부석사 석등

에 부처에게 예배하다가 집의 대들보를 뚫고 올라가 소백산에 이르렀다. 이곳에서 신 한 짝을 떨어뜨렸는데, 그곳에 보리사를 짓고 산 밑에 이르러 그 육신을

버렸으므로 그곳에 제2보리사를 세우고, 그 전당의 이름을 '욱면 등천지전'이라 했다.

이때 집 마루에 뚫린 구멍이 열 아름이나 되었는데 아무리 폭우나 함박눈이 내려도 집 안은 젖지 않았다. 그 후에 호사가들이 금탑 하나를 만들어 그 구멍에 맞추어서 소란반자 위에 모셔 그 이상한 사적을 기록했으니, 지금도 그 방榜과 탑이 아직 남아 있다.

욱면이 간 뒤에 귀진도 또한 그 집이 신이한 사람이 의탁해 살던 곳이라 해서, 집을 내놓아 절을 만들어 법왕사라 하고 토지를 바쳤는데 오랜 뒤에 절은 없어지고 빈 터만 남았다.

이를 찬양하니,

서쪽 이웃 옛 절에 불등이 밝았는데,
방아 찧고 절에 오니 벌써 오밤중 되었다네.
한마음으로 염불하며 부처를 갈구하여,
손바닥 뚫어 노끈 꿰니 그 몸도 잊었네.

이승과 저승의 부모를 위해 불국사와 석굴암을 지은 대성

모량리의 가난한 여인 경조에게 아이가 있었는데, 머리가 크고 이마가 평평하여 큰 성과 같았으므로 대성이라 불렀다. 집이 가난하여 살림을 꾸려가기 어려워 부자인 복안의 집에 가서 품팔이를 하고, 그 집에서 약간의 밭을 얻어 의식의 밑천으로 삼았다. 이때 승려 점개가 육륜회를 흥륜사에서 베풀고자 하여 복안의 집에 가서 보시할 것을 권하니, 복안은 베 50필을 보시했다. 이에 점개는 주문을 읽으며 축원했다.

"시주께서 보시하기를 좋아하니 하늘의 신이 늘 지켜주실 것이며, 한 가지를 보시하면 1만 배를 얻게 되어 안락하고 장수하게 될 것입니다."

이 말을 들은 대성은 어머니에게 가서 말했다.

"제가 문간에 온 스님이 외는 소리를 들었는데, 한 가지를 보시하면 1만 배를 얻는다고 합니다. 생각건 대 저는 전생에 착한 업보를 쌓지 못해서 현세에 와서 곤궁한 것입니다. 지금 또 보시하지 않는다면 내세에 는 더욱 곤경에 처할 것입니다. 제가 고용살이로 얻은 밭을 법회에 보시해서 뒷날의 인과업보를 대비하면 어떻겠습니까?"

어머니도 흔쾌히 동의하자 그는 밭을 점개에게 보 시했다. 얼마 후, 대성은 세상을 떠났는데 이날 밤 나 라의 재상 김문량의 집에서 하늘의 외침이 들렸다.

"모량리 대성이란 아이가 지금 네 집에 태어날 것 이다."

집안사람들이 매우 놀라 사람을 시켜 모량리에 가 서 알아보니, 과연 대성이 죽었는데 그날 하늘에서 외 침이 들렸던 때와 일치했다. 그리고 곧 김문량의 아내 는 임신해서 아이를 낳았다. 그 아이는 왼손을 꼭 쥐 고 있다가 7일 만에야 폈는데, 신기하게도 '대성大城' 두 자를 새긴 금빛 대쪽을 지니고 있었으므로 다시 이

름을 대성이라 했다. 이에 그 어머니를 집에 모셔 와
서 더불어 봉양했다.

대성이 장성하자 사냥하는 것을 매우 좋아했다. 어
느 날 토함산에 올라가 곰 한 마리를 잡고 산 밑 마을
에서 잤다. 꿈에 곰이 변해서 귀신이 되어 시비를 걸
며 말했다.

"네 어찌하여 나를 죽였느냐, 내가 환생하여 너를
잡아먹겠다."

불국사

불국사 다보탑

불국사 석가탑

   대성이 두려워서 용서해 달라고 간청하니 귀신이
말했다.

   "네가 나를 위하여 절을 세워주겠느냐? 그러면 용
서하마."

   대성은 꿈속에서 절을 세워주겠다고 약속했는데,
깨어보니 땀이 흥건히 자리를 적셨다. 그 후로는 들에
서 사냥하는 것을 금하고 곰을 잡은 자리에 곰을 위해
서 장수사를 세웠다. 그로 인해 마음에 감동되는 바가

있어 자비의 원이 더욱 더했다.

이에 이승의 양친을 위해 불국사를 세우고, 전생의 부모를 위해 석굴암을 세우고, 신림·표훈 두 성사聖師를 청하여 각각 사찰에 거주하도록 했다. 아름답고 큰 불상을 설치하여 부모의 양육한 수고를 갚았으니 한 몸으로 전세와 현세의 두 부모에게 효도한 것은 옛적에도 또한 드문 일이었다. 그러니 착한 보시의 영험을 가히 믿지 않겠는가.

장차 석불을 조각하고자 하여 큰 돌 하나를 다듬어 감실의 덮개를 만드는데 돌이 갑자기 세 조각으로 갈라졌다. 대성이 분하게 여기다가 어렴풋이 졸았는데 밤중에 천신이 내려와 다 만들어놓고 돌아갔다. 대성은 자리에서 일어나 남쪽 고개로 급히 달려가 향나무를 태워 천신을 공양했다. 그래서 그곳의 이름을 향령이라고 했다. 불국사의 구름다리와 석탑의 돌과 나무에 조각한 기교와 솜씨는 동도의 여러 절 가운데서도 으뜸이었다.

옛 《향전鄕傳》에 실려 있는 것은 이상과 같다.

그러나 절 안의 기록에는 이렇다.

"경덕왕 때 대상 대성이 751년에 불국사를 짓기 시작했다. 혜공왕 때를 거쳐 774년 12월 2일에 대성이 완성시키지 못하고 세상을 떠나자 나라에서 이를 마무리했다. 처음에 유가교의 고승 항마를 청해 이 절에 거주하게 했고 이를 계승해서 지금에 이르렀다."

　　이렇게 전하는 것이 서로 같지 않으니 어느 것이 옳은 것인지 알 수 없다. 이를 찬양하니,

　　모량 봄철에 세 이랑의 밭을 보시하고,
　　향령에 가을이 오니 만금을 거두었다.
　　어머니는 백 년 사이 가난과 부귀를 모두 겪고,
　　자식은 한 꿈 사이에 두 세상을 오갔구나.

노모 위해 아이를 묻으려다
돌종을 얻은 손순

손순은 모량리 사람으로 그 아버지는 학산이다. 아
버지가 죽자 아내와 함께 남의 집에 품팔이를 하여 얻
은 양식으로 늙은 어머니를 봉양했다. 그 어머니의 이
름은 운오였다. 손순에게는 어린 아이가 있었는데 늘
어머니의 음식을 빼앗아 먹으니, 손순은 민망히 여겨
그 아내에게 말했다.

손순 유허비각

손순 기념비

"아이는 다시 낳을 수가 있지만 어머니는 두 번 다시 모시기 어렵소. 그런데 아이가 어머니의 음식을 빼앗아 먹어서 굶주림이 심하시니 이 아이를 땅에 묻어 어머니 배를 부르게 해드려야겠소."

이에 아이를 업고 취산 북쪽의 들에 가서 땅을 파다가 돌종을 얻었다. 부부는 놀라고 이상하게 여겨 잠깐 나무 위에 걸어놓고 시험 삼아 두드렸더니 그 소리가 은은해서 들을 만했다. 아내가 말했다.

"신기한 물건을 얻은 것은 필경 이 아이의 복인 듯싶습니다. 그러니 이 아이를 묻어서는 안 될 것 같습니다."

남편도 이 말을 옳게 여겨 아이와 돌종을 지고 집으로 돌아와서 종을 들보에 매달고 두드렸더니 그 소리가 대궐까지 들렸다. 흥덕왕이 이 소리를 듣고 측근들에게 말했다.

"서쪽 들에서 이상한 종소리가 나는데 맑고도 멀리 들리는 것이 보통 종이 아닌 듯하다. 빨리 가서 조사해 보라."

왕의 사자가 그 집에 가서 조사해 보고 사실을 자세

홍효문 효자 손순을 기리기 위한 사당인 문효
사의 문

히 아뢰니 왕이
말했다.

"옛날 중국 한
나라의 곽거가 아
들을 땅에 묻자
하늘에서 금솥을
내리더니, 이번에
는 손순이 그 아
이를 묻으려 하자
땅속에서 돌종이 솟아나왔으니 전대의 효도와 후대
의 효도를 천지신명이 함께 돌보아주는 것이로구나."

이에 집 한 채를 내리고 해마다 벼 50섬을 내려주
어 지극한 효성을 표창했다. 이에 손순은 예전에 살던
집을 희사해서 절로 삼아 홍효사라 하고 돌종을 모셔
두었다. 그 후 진성왕 때에 후백제의 횡포한 도둑이
그 마을에 쳐들어와서 종은 없어지고 절만 남아 있다.
그 종을 얻은 땅을 완호평이라 했는데 지금은 잘못 전
하여 지량평이라고 한다.

고구려 · 백제 · 신라 · 가야 · 발해 임금 연표

고구려 임금 연표

제1대 동명왕 _ BC 37~BC 19

제2대 유리왕 _ BC 19~AD 18

제3대 대무신왕 _ 18~44

제4대 민중왕 _ 44~48

제5대 모본왕 _ 48~53

제6대 태조왕 _ 53~146

제7대 차대왕 _ 146~165

제8대 신대왕 _ 165~179

제9대 고국천왕 _ 179~197

제10대 산상왕 _ 197~227

제11대 동천왕 _ 227~248

제12대 중천왕 _ 248~270

제13대 서천왕 _ 270~292

제14대 봉상왕 _ 292~300

제15대 미천왕 _ 300~331

제16대 고국원왕 _ 331~371

제17대 소수림왕 _ 371~384

제18대 고국양왕 _ 384~391

제19대 광개토왕 _ 391~413

제20대 장수왕 _ 413~491

제21대 문자왕 _ 491~519

제22대 안장왕 _ 519~531

제23대 안원왕 _ 531~545

제24대 양원왕 _ 545~559

제25대 평원왕 _ 559~590

제26대 영양왕 _ 590~618

제27대 영류왕 _ 618~642

제28대 보장왕 _ 642~668

* 위의 연도 표시는 왕의 재위 기간을 나타냄.

제1대 온조왕 _ BC 18~AD 28

제2대 다루왕 _ 28~77

제3대 기루왕 _ 77~128

제4대 개루왕 _ 128~166

제5대 초고왕 _ 166~214

제6대 구수왕 _ 214~234

제7대 사반왕 _ 234

제8대 고이왕 _ 234~286

제9대 책계왕 _ 286~298

제10대 분서왕 _ 298~304

제11대 비류왕 _ 304~344

제12대 계왕 _ 344~346

제13대 근초고왕 _ 346~375

제14대 근구수왕 _ 375~384

제15대 침류왕 _ 384~385

제16대 진사왕 _ 385~392

제17대 아신왕 _ 392~405

제18대 전지왕 _ 405~420

제19대 구이신왕 _ 420~427

제20대 비류왕 _ 427~455

제21대 개로왕 _ 455~475

제22대 문주왕 _ 475~477

제23대 삼근왕 _ 477~479

제24대 동성왕 _ 479~501

제25대 무령왕 _ 501~523

제26대 성왕 _ 523~554

제27대 위덕왕 _ 554~598

제28대 혜왕 _ 598~599

제29대 법왕 _ 599~600

제30대 무왕 _ 600~641

제31대 의자왕 _ 641~660

* 위의 연도 표시는 왕의 재위 기간을 나타냄.

신라 임금 연표

제1대 박혁거세 _ BC 57~AD 4

제2대 남해차차웅 _ 4~24

제3대 유리이사금 _ 24~57

제4대 탈해이사금 _ 57~80

제5대 파사이사금 _ 80~112

제6대 지마이사금 _ 112~134

제7대 일성이사금 _ 134~154

제8대 아달라이사금 _ 154~184

제9대 벌휴이사금 _ 184~196

제10대 내해이사금 _ 196~230

제11대 조분이사금 _ 230~247

제12대 첨해이사금 _ 247~261

제13대 미추이사금 _ 262~284

제14대 유례이사금 _ 284~298

제15대 기림이사금 _ 298~310

제16대 흘해이사금 _ 310~356

제17대 내물마립간 _ 356~402

제18대 실성마립간 _ 402~417

제19대 눌지마립간 _ 417~458

제20대 자비마립간 _ 458~479

제21대 소지마립간 _ 479~500

제22대 지증왕 _ 500~514

제23대 법흥왕 _ 514~540

제24대 진흥왕 _ 540~576

제25대 진지왕 _ 576~579

제26대 진평왕 _ 579~632

제27대 선덕여왕 _ 632~647

제28대 진덕여왕 _ 647~654

제29대 무열왕 _ 654~661

제30대 문무왕 _ 661~681

제31대 신문왕 _ 681~692

제32대 효소왕 _ 692~702

＊ 위의 연도 표시는 왕의 재위 기간을 나타냄.

신라 임금 연표

제33대 성덕왕 _ 702~737

제34대 효성왕 _ 737~742

제35대 경덕왕 _ 742~765

제36대 혜공왕 _ 765~780

제37대 선덕왕 _ 780~785

제38대 원성왕 _ 785~798

제39대 소성왕 _ 798~800

제40대 애장왕 _ 800~809

제41대 헌덕왕 _ 809~826

제42대 흥덕왕 _ 826~836

제43대 희강왕 _ 836~838

제44대 민애왕 _ 838~839

제45대 신무왕 _ 839

제46대 문성왕 _ 839~857

제47대 헌안왕 _ 857~861

제48대 경문왕 _ 861~875

제49대 헌강왕 _ 875~886

제50대 정강왕 _ 886~887

제51대 진성여왕 _ 887~897

제52대 효공왕 _ 897~912

제53대 신덕왕 _ 912~917

제54대 경명왕 _ 917~924

제55대 경애왕 _ 924~927

제56대 경순왕 _ 927~935

* 위의 연도 표시는 왕의 재위 기간을 나타냄.

가야 임금 연표

제1대 수로왕 _ 42~199

제2대 거등왕 _ 199~253

제3대 마품왕 _ 253~291

제4대 거질미왕 _ 291~346

제5대 이시품왕 _ 346~407

제6대 좌지왕 _ 407~421

제7대 취희왕 _ 421~451

제8대 질지왕 _ 451~491

제9대 겸지왕 _ 491~521

제10대 구형왕 _ 521~532

발해 임금 연표

제1대 고왕 _ 698~719

제2대 무왕 _ 719~737

제3대 문왕 _ 737~793

제4대 원의왕 _ 793

제5대 성왕 _ 793~794

제6대 강왕 _ 794~809

제7대 정왕 _ 809~812

제8대 희왕 _ 812~817

제9대 간왕 _ 817~818

제10대 선왕 _ 818~830

제11대 이진왕 _ 831~857

제12대 건황왕 _ 857~871

제13대 현석왕 _ 871~894

제14대 위계왕 _ 894~906

제15대 인선왕 _ 906~926

* 위의 연도 표시는 왕의 재위 기간을 나타냄.